essentials

essentials liefern aktuelles Wissen in konzentrierter Form. Die Essenz dessen, worauf es als „State-of-the-Art" in der gegenwärtigen Fachdiskussion oder in der Praxis ankommt. *essentials* informieren schnell, unkompliziert und verständlich

- als Einführung in ein aktuelles Thema aus Ihrem Fachgebiet
- als Einstieg in ein für Sie noch unbekanntes Themenfeld
- als Einblick, um zum Thema mitreden zu können

Die Bücher in elektronischer und gedruckter Form bringen das Expertenwissen von Springer-Fachautoren kompakt zur Darstellung. Sie sind besonders für die Nutzung als eBook auf Tablet-PCs, eBook-Readern und Smartphones geeignet. *essentials:* Wissensbausteine aus den Wirtschafts-, Sozial- und Geisteswissenschaften, aus Technik und Naturwissenschaften sowie aus Medizin, Psychologie und Gesundheitsberufen. Von renommierten Autoren aller Springer-Verlagsmarken.

Weitere Bände in der Reihe http://www.springer.com/series/13088

Klaus Spremann

Internationale Finanzwirtschaft

Strategien zwischen Autonomie und Globalisierung

 Springer Gabler

Klaus Spremann
Schweizerisches Institut für Banken und
Finanzen, Universität St. Gallen
St. Gallen, Schweiz

ISSN 2197-6708   ISSN 2197-6716   (electronic)
essentials
ISBN 978-3-658-23819-3   ISBN 978-3-658-23820-9   (eBook)
https://doi.org/10.1007/978-3-658-23820-9

Die Deutsche Nationalbibliothek verzeichnet diese Publikation in der Deutschen Nationalbiblio-
grafie; detaillierte bibliografische Daten sind im Internet über http://dnb.d-nb.de abrufbar.

Springer Gabler ist ein Imprint der eingetragenen Gesellschaft Springer Fachmedien Wiesbaden
GmbH und ist ein Teil von Springer Nature
Die Anschrift der Gesellschaft ist: Abraham-Lincoln-Str. 46, 65189 Wiesbaden, Germany

Was Sie in diesem *essential* finden können

- Darstellung der International Finance in knapper Form
- Einsichten zu den strategischen Positionen, die ein Land einnehmen kann
- Hinweise auf durch Digitalisierung bedingte Entwicklungslinien
- Auf unsere wirkliche Welt bezogene Beispiele

Inhaltsverzeichnis

Über den Autor

Klaus Spremann ist Professor emeritus der Universität St. Gallen. Seine akademische Ausbildung erhielt er an der Technischen Universität München (TUM) und am Karlsruher Institut für Technologie (KIT). Er arbeitete und lehrte in Ulm und in St. Gallen sowie, für International Finance, an der University of Hong Kong. Gastprofessuren in Amerika und in China, Gründungsdirektor des SGI in Singapur.

Einleitung

1

*Wenn jemand Überlegenheit ausspielt, musst Du die
Volatilität rausnehmen*

Karl Frauendorfer

Mit *Internationaler Finanzwirtschaft (International Finance)* wird ein Teilgebiet
der Wirtschaftswissenschaften bezeichnet, das durch diese Stichworte beschrieben
ist: Zwischen Nationen fließende Ströme von Waren, grenzüberschreitende
Dienstleistungen, internationale Kapitalströme, Freihandelszonen, Währungsregimes, Optimale Währungsräume, Investitionen in anderen Ländern, Finanzmärkte, Verträglichkeit der Öffnung eines Landes mit Autonomie und Demokratie
im Inneren, Internationale Organisationen.

Da praktisch alle Unternehmen auf verschiedene Weise mit dem Ausland in
Verbindung stehen, gibt das Gebiet jenen, die im Beruf stehen, eine Orientierung
bei ihren Entscheidungen und bei der Beurteilung der Konstellation, die sich zwischen verschiedenen Ländern und Wirtschaftsräumen herausbildet. Das Gebiet der
Internationalen Finanzwirtschaft ist aus der Kombination mehrerer ökonomischer
Themenkreise entstanden, darunter *Außenhandel, Finanzwirtschaft, Strategiebildung*.
Auch durch *Digitalisierung* verändern sich Bestimmungsfaktoren der Position
eines Landes im internationalen Vergleich. Deshalb wird die International Finance
zunehmend durch die ökonomischen Eigenschaften digitaler *Plattformen* geprägt,
also durch die *Skalenerträge* und die damit verbundenen neuen Geschäftsmodelle.
Das vorliegende *essential* zeigt, welche Entwicklungslinien sich daraus ergeben.

Die Gliederung betont vier Hauptpunkte des Gebiets. Das Kap. 2 über *Kostenvorteile* behandelt Bestimmungsfaktoren für Exporte und Importe. Im Kap. 3 liegt
die Betonung auf den *Ressourcen* und der Ressourcenausstattung eines Landes,
darunter dem Wissen. Kap. 4 ist Währungsregimes und optimalen *Währungs-
räumen* gewidmet. Es behandelt weiter das Fleming-Mundell-Trilemma und

© Springer Fachmedien Wiesbaden GmbH, ein Teil von Springer Nature 2019
K. Spremann, *Internationale Finanzwirtschaft*, essentials,
https://doi.org/10.1007/978-3-658-23820-9_1

die sich daraus ergebenden strategischen Möglichkeiten. Sie werden anhand der Theorie der Hyperglobalisierung von Rodrik geprüft. Kap. 5 bietet Ergänzungen zur Zinsparität, zur Kaufkraftparität und zum Fisher-Effekt. Zum Schluss des *essentials* folgen eine Zusammenfassung der Aussagen sowie Literaturhinweise.

Dieses *essential* soll 1) den Studierenden als Vorbereitung für Lehrveranstaltungen dienen, und hilft dazu, 2) die Essenz des Themas auf rund 40 Seiten zu erfassen. Selbstverständlich bietet sich die Darstellung für Personen an, 3) die in Unternehmen, in Banken, in Verbänden und in den Medien arbeiten und die sich schnell über die wichtigsten Ansätze und Ergebnisse im Themenkreis der internationalen Wirtschaft und der internationalen Finanzen informieren wollen.

Kostenvorteile 2

Die Lehre des Merkantilismus ist heute noch populär, obwohl sie zur Konfrontation führt. Adam Smith (1723–1790) hat demgegenüber argumentiert, Kostenvorteile würden Exportmöglichkeiten eröffnen. David Ricardo (1772–1823) hat das etwas korrigiert und gezeigt, dass es auf relative, nicht auf absolute Kostenvorteile ankommt. Die Erkenntnisse von Smith und Ricardo erklären, warum so viele Länder den freien Handel suchen und Freihandelszonen einrichten.

2.1 Merkantilismus

Der Warentausch zwischen räumlich weit getrennten Handelspartnern besteht seit zweitausend Jahren. Anfangs wurden Dinge getauscht, welche die andere Seite schlichtweg nicht kannte oder nicht selbst produzieren konnte.

▶ Die Bernsteinstraße hatte die Ostseeküste mit Aguilera (südlich von Udine) verbunden. Die Seidenstraße, ein über 6000 km langes Handels- und Wegenetz zwischen China und dem Mittelmeerraum, hatte ihre größte Bedeutung zwischen 115 BC und dem 13. Jahrhundert. Seide und Gewürze wurden gegen Wolle und Silber getauscht. Im Mittelalter bestanden verschiedene Salzstraßen, mit denen die aufkommenden Städte mit entfernten Salinen und Salzbergwerken verbunden waren. Ganz neue Handelswege wurden durch die Seefahrt erschlossen: Christoph Kolumbus (1451–1506) ermöglichte mit seinen Reisen eine Kolonisierung Amerikas durch Europäer. Vasco da Gama (1469–1524) segelte um das Kap der Guten

© Springer Fachmedien Wiesbaden GmbH, ein Teil von Springer Nature 2019
K. Spremann, *Internationale Finanzwirtschaft*, essentials,
https://doi.org/10.1007/978-3-658-23820-9_2

Hoffnung und erschloss so den Seeweg nach Indien. Später ließen die Regierungen neue Verkehrs- und Transportwege eigens errichten: Frankreich forcierte den Bau des Sueskanals (Eröffnung 1869). Die USA übernahmen die Vorarbeiten zum Panamakanal und stellten ihn 1914 fertig.

Der Handel wurde zu einem Thema der Regierenden, die für ihre Staaten eine wirtschaftspolitische Konzeption suchten. Vorbild waren die italienischen Stadt-staaten, die Wirtschaft und Handel als Staatsangelegenheit begriffen. Die erste, Handel, Geld und Arbeit umfassende Wirtschaftspolitik, gestützt durch wirt-schaftstheoretische Überlegungen, war der *Merkantilismus.* Als einer der Begründer gilt Jean-Baptiste Colbert (1619–1683), Finanzminister von Frankreich unter dem Sonnenkönig Ludwig XIV. Ebenso wie andere absolutistisch regierte Staaten benötigte Frankreich Einnahmen, um das Heer, die Marine, den wachsenden Beamtenapparat, sowie den Repräsentationsaufwand des Herr-schers zu bezahlen. Steuern konnten nicht so leicht eingetrieben werden. So kam die Idee auf, einen *Überschuss im Außenhandel* zu erzielen. Dazu sollte der Staat in die Produktion und in den Handel lenkend und schützend ein-greifen. Der Handelsüberschuss (Exporte minus Importe) wurde als Einnahme des Staates gesehen, und sogleich für das Militär, für die Beamten und für Bau-ten (Infrastruktur, Manufakturen, Schlösser) ausgegeben. Das Geld diente dazu, die Wirtschaft am Laufen zu halten. Es sollte als Recheneinheit dienen und den Zahlungsverkehr bewerkstelligen, während die Geldfunktion der Wertauf-bewahrung im Merkantilismus hintangestellt war.

Im Merkantilismus wurden mehrere Interventionen und Protektionen ergriffen:

- Im Inland wurden Manufakturen und Infrastruktur (Straßen, Häfen) errichtet, und im Inland wurden die Zölle abgeschafft.
- Der Staat förderte die Zuwanderung, sorgte für Vollbeschäftigung, doch die Löhne mussten dazu niedrig bleiben.
- Um im Außenhandel Überschüsse zu erzielen, wurden Exporte forciert und Importe behindert. Und wenn schon Importe nötig waren, dann sollten unver-arbeitete Rohstoffe importiert werden. Für den Export sollten vor allem Erzeugnisse gefördert werden, die edel verarbeitet sind: wertvolle Uhren, Porzellangeschirr, Schmuck, Tücher. Keinesfalls sollten Rohstoffe exportiert werden. Für die Vermeidung von Importen wurden Zölle erhoben. Ver-schiedene Gründe wurden hervorgebracht, aus denen ausländische Erzeug-nisse sich nicht für die inländische Bevölkerung eignen, so etwa nationale Normen und Qualitätsstandards.

Die deutsche Version des Merkantilismus war der *Kameralismus*. Vorrangiges Ziel war der Wiederaufbau des durch den Dreißigjährigen Krieg zerstörten Landes. Dazu sollten die Landwirtschaft und das Wachstum der Bevölkerung gefördert werden. Es ging beim Kameralismus hingegen weniger um Handel oder um Überschüsse. Siedlungen wurden gegründet, staatliche Fabriken errichtet. Die verschiedenen Sektoren (wie Landwirtschaft und gewerbliche Fertigung) sollten mit gleichen Gewichten entwickelt werden, sodass die inländische Güterversorgung ohne Importe auskam.

Die Lehren des Merkantilismus wurden nicht nur in Frankreich, sondern ebenso in Großbritannien (Hauptvertreter: Thomas Mun, 1571–1641), Spanien und den Niederlanden aufgegriffen. Doch der Merkantilismus führt zu Konfrontation und Instabilität, nicht zu einem harmonischen Gleichgewicht. Denn nicht alle Länder zugleich können den Export edel verarbeiteter Produkte forcieren und den Import solcher Erzeugnisse blockieren. Und nicht alle Länder zugleich können Rohstoffe importieren und den Export von Rohstoffen verbieten. So war unausweichlich, dass der Merkantilismus zu Machtstreben und zu Kriegen geführt hat. Allein England hat im 18. Jahrhundert vier Kriege geführt, in denen es um den Schutz der eigenen Wirtschaft ging sowie darum, die von Spanien ergriffenen Schutzmaßnahmen zu brechen.

▶ Relikte merkantilistischen Gedankenguts sind auch heute hier und da zu sehen. Beispielsweise verabschieden Nationalstaaten, trotz enger wirtschaftlicher Verflechtung, immer wieder Gesetze im Alleingang und ohne Absprache. Wenn ein Exporteur die Gesetze verletzt, drohen Sammelklagen für Schadenersatzforderungen, Zwangsgelder oder Gefängnisstrafen für die Verantwortlichen: Die merkantilistische Kriegsführung setzt sich hier und da noch heute fort.

2.2 Absolute Kostenvorteile

Neue Ansätze für das ökonomische Denken waren verlangt. Adam Smith hat mit seinem Buch *An Inquiry into the Nature and Causes of the Wealth of Nations* 1776 den Merkantilismus von Grund auf verworfen und stattdessen argumentiert, der freie Handel zwischen den Nationen würde die Wohlfahrt aller Länder erhöhen. Das Argument: Der freie Handel und die Erwartung, dass die Handelsmöglichkeiten bestehen bleiben, erlaube Arbeitsteilung. Diese führe zu Spezialisierungsvorteilen, an denen letztlich alle Handelspartner teilhaben würden. Von daher sollten die Nationen untereinander frei handeln können, genau wie im Landesinneren freie Märkte das arbeitsteilige Wirtschaften unterstützen. Dass Spezialisierungsvorteile deutliche und positive Kraft entfalten, ist überall evident, nicht zuletzt an der Ausbildung von Berufen. Wie in jedem anderen Markt auch ist im internationalen Handel entscheidend, zu welchen Preisen eine Nation ihre exportfähigen und transportierbaren Güter woanders anbieten kann. Die Preise sind letztlich durch die *Produktionskosten* bestimmt. Sind die Produktionskosten für ein Gut, etwa für Elektronik, in einem Land A niedriger als (nach Umrechnung mit der vorherrschenden Währungsrelation) in einem Land B, dann beziehen vorteilhafterweise die Menschen im Land B die Elektronik aus dem Land A. Entscheidend, so Smith, sind Unterschiede bei den Kosten. Smith erklärt den Außenhandel durch *absolute* Kostenvorteile.

Der Markt ermöglicht nicht nur Spezialisierung. Der Markt entfaltet motivierende und disziplinierende Kräfte. Wenn ein Land durch Exporte am freien Welthandel teilnehmen möchte, muss es darauf achten, dass es preislich nicht irgendwann unterboten wird. Das diszipliniert und erfordert Anstrengungen bei der Kostenkontrolle. Da der Markt dazu motiviert, Neues zu schaffen, müssen die Marktteilnehmer stets um Verbesserungen der Qualitäten und um Innovationen bemüht sein. Das löst in den Unternehmen Druck aus, sich nicht von einem anderen Anbieter, der irgendwo in der Welt auftaucht, verdrängen zu lassen. Neben den Spezialisierungsvorteilen führt auch die skizzierte Dynamik des Marktes zu Vorteilen für die Menschen der durch Handel verbundenen Länder.

Die Theorie absoluter Kostenvorteile kommt der Intuition entgegen und ist deswegen ein ausgesprochen populäres Erklärungsmuster. Viele Diskussionen konzentrieren sich auf die Löhne als Bestimmungsgröße der Kosten. Politiker zeigen hierzulande auf fremde Regionen mit niedrigen Lohnniveaus. Wo günstigere Importe die heimische Produktion verdrängen, gehen Arbeitsplätze verloren. Für die betroffenen Personen ist schwer einzusehen, dass der freie Außenhandel die Wohlfahrt erhöhen soll. Vorwürfe werden laut, die niedrigen Löhne in den exportierenden Ländern seien unfair, die Arbeitsbedingungen ausbeuterisch. Die Produktion im Ausland belastet auch hier und da die Umwelt stärker, doch das wird meistens nicht kalkuliert (außer bei der CO_2-Abgabe). Die wahren und vollen Kosten nach Kalkulation des Verbrauchs natürlicher Ressourcen seien daher höher. Deshalb dürften die Güter nicht so billig angeboten werden. Zudem werden Kosten durch Subventionen verzerrt. Ungleiche Standards bei der Arbeit, die Nichtberücksichtigung der Umweltbelastung und Subventionen sind sicherlich gewichtige Argumente.

> Die Theorie absoluter Kostenvorteile verleitet geradezu, eine Abwertung der eigenen Währung herbeizuführen. Da auch andere Länder Importe reduzieren und Exporte fördern möchten, kann es dazu kommen, dass auch sie ihre Währungen abwerten. Wenn das erste Land darauf mit weiteren Abwertungen reagiert, kommt es zu einem *Währungskrieg*. Zu Währungskriegen ist es verschiedentlich schon gekommen. In den 1930er Jahren wurde allgemein der Goldstandard aufgegeben, weil in der Weltwirtschaftskrise 1929 erkannt wurde, dass durch die Bindung an das nur beschränkt vorhandene Gold die Geldversorgung unzureichend ist. Großbritannien wertete 1931 das Pfund um 25 % ab. Die USA folgten 1933 mit einer massiven kompetitiven Abwertung, und danach wertete Frankreich den Franc ab. Das Deutsche Reich versuchte, ohne Abwertung zurechtzukommen, war aber bald zur Devisenbewirtschaftung gezwungen und nahm immer weniger am Welthandel teil. Erst 1936 wurde der Währungskrieg zwischen den USA, England und Frankreich beigelegt *(Tripartite-Abkommen)*.

2.3 Relative Kostenvorteile

Die Theorie *absoluter* Kostenvorteile hat einen gravierenden Nachteil: Einige Länder haben hinsichtlich aller Güter höhere Produktionskosten. Diese Länder hätten dann keinerlei Chance, am internationalen Handel teilzunehmen. Eine genauere Betrachtung zeigt, dass das Konzept absoluter Kostenvorteile revidiert werden muss.

> So wollten die kanadischen Arbeiter immer gleich hohe Löhne erhalten wie ihre Kollegen in den benachbarten USA. Doch die kanadische Industrie war weniger mit Kapital ausgestattet, hatte also weniger moderne Produktionsmittel und damit eine geringere Produktivität. Folglich hatten sämtliche in Kanada hergestellten Erzeugnisse höhere Kosten als in den USA. Die fatale Folge war, dass Kanada nichts in den USA verkaufen konnte. Und alle Kanadier wollten US-Produkte kaufen, weil sie billiger waren.

Auch Entwicklungsländer schaffen es nach der Theorie absoluter Kostenvorteile nicht, ihre Erzeugnisse woanders zu vermarkten. Denn in Entwicklungsländern ist die Produktivität geringer und die Handelsorganisationen sind weniger effizient. So können alle Erzeugnisse, welche die Entwicklungsländer herstellen könnten, mit geringeren Kosten in einem der weiter entwickelten Länder hergestellt werden. Unterstützt durch die Theorie absoluter Kostenvorteile, können diese Erzeugnisse sogar von dort in die weniger entwickelten Länder exportiert werden.

> Ein Beispiel dafür ist die Fertignahrung. In einigen Ländern der Dritten
> Welt werden Flaschen und Dosen und Schachteln nachgefragt, weil
> Nahrungsmittel heimischer Produktion teurer sind.

David Ricardo hat in seinem Buch *Principles of Political Economy and Taxation* 1817 eine Theorie *relativer* Kostenvorteile entwickelt. Jede Nation solle für sich prüfen, welche der Güter sie besonders gut (im Sinne hoher Produktivität) erzeugen könne. Die entsprechenden Güter solle sie exportieren, und diejenigen, bei denen ihre Produktivität geringer ist, sollte sie dafür importieren.

Zahlenbeispiel
Zwei Länder, A und B, werden betrachtet. Zwei Güter, Elektronik und Kleidung, können in beiden Ländern hergestellt und sie können transportiert und gehandelt werden. Die jeweiligen Kosten werden anhand der bestehenden Währungsrelation umgerechnet, sodass sie vergleichbar sind:

- Im Land A sind die Kosten für eine Einheit Elektronik 10 und die für eine Einheit Kleidung ebenso 10 (vereinheitlichte Währungseinheiten). Im Land B sind die Kosten für eine Einheit Elektronik 60 und die für eine Einheit Kleidung 20. Nach der Theorie absoluter Kostenvorteile könnte das Land B nichts nach A exportieren (und würde alle beiden Güter aus A importieren).
- Nun argumentiert Ricardo so: Die Kosten beider Güter Elektronik und Kleidung verhalten sich im Land A wie 1 zu 1, im Land B hingegen wie 3 zu 1. Das Land B hat also einen relativen Kostenvorteil bei der Herstellung von Kleidung.
- Das Land B könnte nun (obwohl mit absolut gesehen hohen Kosten von 20) eine Einheit Kleidung mehr herstellen und dem Land A überlassen. Dadurch werden dort Kosten in Höhe 10 eingespart, und mit diesem eingesparten Geld kann das Land A eine zusätzliche Einheit Elektronik herstellen. Diese übergibt sie dem Land B, was deshalb eine Einheit Elektronik weniger herstellen muss und somit Kosten von 60 einspart.

- Insgesamt hat das Land B zwar 20 Geldeinheiten zusätzlich aufwenden müssen, aber 60 Geldeinheiten gespart. Den Gewinn von 40 Geldeinheiten könnte sich das Land B mit A teilen und beide Länder wären bessergestellt.

Abgesehen von der Korrektheit der Überlegung von Ricardo hat sein Konzept der relativen (oder komparativen) Kostenvorteile einen großen Vorteil: Alle Länder, auch die weniger gut entwickelten, die geringere Produktivität und höhere Kosten haben, können danach am Welthandel teilnehmen. Während die Theorie von Smith an den Export Ansprüche stellt („man kann nur exportieren, wenn man im Wettbewerb mit anderen Ländern kostengünstiger produzieren kann"), bindet die Theorie von Ricardo alle Nationen in den Welthandel ein („irgendetwas haben auch wir, das wir relativ gut produzieren können"). Ricardo lädt also auf Grundlage seiner Theorie alle Nationen ein, am globalen Handel teilzunehmen. Jede soll dasjenige Gut anbieten, bei dessen Produktion sie (im Vergleich zu anderen Nationen) Vorteile hat. Und zweifellos ist die Theorie intuitiv. Wenn ein Land A Eisenbahnen *etwas* besser produzieren kann als Autos, ein Land B hingegen Eisenbahnen *viel* besser produzieren kann als Autos, dann sollte sich B auf Eisenbahnen konzentrieren und A auf Autos.

2.4 Freihandelsabkommen

Die ökonomischen Klassiker Smith und Ricardo legten die Basis für den *Wirtschaftsliberalismus:* Der Staat solle wenig intervenieren und kaum protektionistisch lenken. Zölle und andere Barrieren sollten reduziert werden. So kann freier Handel zwischen den Ländern aufkommen und die beiden Vorteile internationalen Marktgeschehens werden realisiert: Spezialisierungsvorteile und und Vorteile aufgrund der Marktdynamik (Kostensenkung, Qualitätsverbesserung, Innovationen). Diese Vorteile kommen letztlich allen Ländern zugute.

Allerdings gibt es Einschränkungen.

- Die eine Einschränkung betrifft die Art, wie im Inneren eines jeden Landes die Folgen von Importen (Verluste von Arbeitsplätzen) bewältigt werden.
- Eine zweite Einschränkung betrifft die Folgen des Freihandels für den Klimaschutz sowie für weitere Ressourcen, die nicht in den Vergleich der Produktivität eingehen.

• Eine dritte Einschränkung der Empfehlung von Freihandel liegt in der Abwägung, ob ein Land durch Teilnahme am Weltmarkt zu viel an politischer Autonomie aufgibt.

Die Geschichte belegt, dass zwischen Nationen immer wieder *Freihandelsabkommen* geschlossen worden sind oder ganze Zonen geschaffen wurden, innerhalb derer Zölle und Handelshemmnisse abgebaut werden. Ein Freihandelsabkommen ist ein völkerrechtlich verbindlicher Vertrag, vielfach zwischen zwei Nationen abgeschlossen. Eine *Freihandelszone* ist eine internationale Organisation. Wenn diese durchsetzen kann, dass alle Mitgliedsländer gegenüber Drittstaaten dieselben Zölle für Importe verlangen, dann wird von einer Zollunion gesprochen. Hat die Organisation noch mehr Rechte, Belange für die nationalen Mitglieder zu entscheiden, liegt eine *supranationale* Organisation vor. Wird eine gewisse Integration erkennbar, liegt ein *Staatenbund* vor. Und noch stärkere Integration führt auf einen *Bundesstaat*. Die Entscheidungen in einem Bundesstaat können zunächst föderal, und später vielleicht sogar zentralisiert getroffen werden.

▷ **Wichtig**
Ein Beispiel ist der *Deutsche Zollverein*, der 1834 in Kraft trat. Er umfasste einige (aber nicht alle Einzelstaaten mit deutschsprachiger Bevölkerung), darunter Preußen, Hessen, Bayern, Württemberg, Thüringen. Später kamen Baden und Luxemburg dazu. Österreich und die Schweiz blieben ausgegrenzt. Der Deutsche Zollverein bezweckte, einen Handelsraum zu schaffen und fiskalisch-ökonomische Rahmenbedingungen zu vereinheitlichen. Der Zollverein hatte starke politische Wirkungen. Die Vormachtstellung Preußens wurde gestärkt, und die Entstehung des Deutschen Reiches (ohne Österreich) wurde vorbereitet.

Gelegentlich wurden höchst ungleiche Freihandelsabkommen geschlossen und mit Militärgewalt durchgesetzt. Großbritannien führte zwischen 1839 und 1860 zwei Opiumkriege gegen China, um eine Öffnung für Importe zu erzwingen. Zwischen 1842 und 1915 schlossen die USA, Großbritannien, Frankreich, Russland und Japan mit China, Korea, Persien und Siam mehrere Verträge ab, die sogenannten *Ungleichen Verträge,* und auch sie wurden mit Militärmacht durchgesetzt.

Unterschiede bestehen also darin, ob zwischen Staaten ein Vertragswerk vereinbart wird, das die nationale Gesetzgebung nicht einengt. Oder ob eine supranationale

Organisation geschaffen wird, die über der nationalen Gesetzgebung steht. Unterschiede betreffen auch die Frage, ob ein Schutz von Investitionen vereinbart wird. Außerdem können die Mitglieder einer Freihandelszone festlegen, ob und wie stark sie in anderen Fragen kooperieren, etwa durch gegenseitige Konsultationen, gemeinsame Forschung, gemeinsamen Grenzschutz.

2.5 Internationale Organisationen

Nach dem Zweiten Weltkrieg sind verschiedene Freihandelszonen entstanden, und einige entwickeln sich zu politischen Unionen und formulieren gemeinsame Werte der Mitgliedsländer. Zu den Grundwerten der EU gehören 1) freier Handel mit Waren, 2) freier Personenverkehr, 3) Freiheit bei Erbringen von Dienstleistungen in einem anderen Mitgliedsland, und 4) freier Kapitalverkehr. Derzeit, der Brexit ist noch unwirksam, hat die EU 28 Mitgliedsländer. Davon haben 19 Mitgliedsländer ihre eigene Währung zugunsten des Euro aufgegeben. Trotz Einheitswährung und der Schaffung gewisser zentraler Finanzeinrichtungen (wie EFSM, EFSF, ESM) sind jedoch die Fiskalpolitiken der EU-Mitgliedsländer nicht vereinheitlicht: Jedes Mitgliedsland der EU verfolgt eine eigene Steuerpolitik und hat eine eigene Art, das Staatsbudget aufzustellen und auszugeben. Zwar setzen die EU-Konvergenzkriterien (Maastricht-Kriterien) fiskalische und monetäre Vorgaben, insbesondere werden neue Staatsschulden beschränkt, doch die Kriterien werden hier und da gebrochen, ohne dass die angekündigten Strafen verhängt werden.

EFTA ist eine andere, 1960 ins Leben gerufene *Europäische Freihandelsassoziation*. Sie hat die vier Mitgliedsländer Island, Liechtenstein, Norwegen, Schweiz und basiert auf einer Konvention und einem weltweiten Netzwerk von Freihandels- und Partnerschaftsabkommen. EFTA ist eine internationale Organisation, doch nicht einmal eine Zollunion und erst recht keine supranationale Organisation. Es sind keine gemeinsamen politischen Ziele gesetzt. Die vier Mitgliedsstaaten können ihre jeweiligen Zolltarife gegenüber Nichtmitgliedern eigenständig festlegen.

Der *Europäische Wirtschaftsraum* EWR ist eine vertiefte Freihandelszone, die 1992 zwischen der EU und EFTA vereinbart wurde (wobei das Vertragswerk nicht von der Schweiz ratifiziert wurde). Mit dem EWR wird der europäische Binnenmarkt auf Island, Liechtenstein und Norwegen ausgedehnt, sodass er 31 Länder fasst. Im EWR gelten die vier Freiheiten der EU (Waren-, Personen-, Dienstleistungs- und Kapitalverkehr). Für Agrarerzeugnisse bestehen Sonderregelungen. Die Schweiz hat mit der EU bilaterale Verträge geschlossen.

Weitere Beispiele:

- Eine internationale, aber nicht supranationale Organisation ist der 1967 gegründete *Verband Südostasiatischer Nationen* ASEAN. Die 10 Mitgliedsstaaten sind Brunei, Kambodscha, Indonesien, Laos, Malaysia, Myanmar, Philippinen, Singapur, Thailand, Vietnam.
- Im Jahr 1991 haben südamerikanische Länder mit *Mercosur* einen gemeinsamen Markt gegründet (Vertrag von Asunción). Tragende Mitglieder sind Argentinien, Brasilien, Paraguay und Uruguay. Assoziierte Mitglieder sind Chile, Bolivien, Peru, Kolumbien, Ecuador, wobei die Vollmitgliedschaft einen Prozess der Konvergenz verlangt. Mercosur umfasst mehr als 260 Millionen Menschen und wird als Agrargroßmacht angesehen.
- Das *Nordamerikanische Freihandelsabkommen* NAFTA wurde 1994 von den drei Mitgliedsländern Mexiko, USA, Kanada vereinbart.
- In Afrika unterzeichneten jüngst 44 Staaten das als *Afrikanische Kontinentale Freihandelszone* AfCFTA bezeichnete Freihandelsabkommen.

Neben diesen Freihandelszonen bestehen über 200 bilaterale Freihandelsabkommen, die zwischen zwei Nationen abgeschlossen wurden. Wenn darin ein Land einem anderen im Außenhandel Vorteile bietet, stellt sich immer die Frage, inwieweit davon Drittstaaten betroffen sind. Hierbei leitet das *Meistbegünstigungsprinzip* (Most Favoured Nation, MFN-Prinzip) bei der Vertragsformulierung: Innerhalb einer Gruppe von Ländern, die durch mehrere bilaterale Handelsverträge verbunden sind, müssen Handelsvorteile, die einem der Vertragspartner gewährt werden, auch den anderen Vertragspartnern gewährt werden. Das MFN-Prinzip hilft, den Handel weltweit zu öffnen. Es verhindert, dass Vergünstigungen nur zwischen einzelnen oder wenigen Staaten zustande kommen. Das MFN-Prinzip ist Bestandteil aller Vertragswerke, die mithilfe der *Welthandelsorganisation* (World Trade Organization) WTO vereinbart werden.

Die WTO, 1995 mit Sitz in Genf gegründet, verhandelt Themen der Handels- und Wirtschaftspolitik auf globaler Ebene. Die WTO berät, hat allgemeine Vertragsstrukturen geschaffen, und versucht zu schlichten. Zu den großen Vertragsstrukturen der WTO gehören das *Allgemeine Zoll- und Handelsabkommen* (General Agreement on Tariffs and Trade) GATT, das *Dienstleistungsabkommen* (General Agreement on Trade in Services) GATS und das *Abkommen zum Schutz geistigen Eigentums* (Agreement on Trade-Related Aspects of Intellectual Property Rights) TRIPS. Die WTO, der Internationale Währungsfonds IWF und die Weltbank sind die drei wichtigsten weltweit tätigen, internationalen Organisationen für Fragen von Handel, Währung, und Entwicklung.

Der *Internationale Währungsfonds* IWF vergibt Kredite an Länder ohne ausreichende Währungsreserven, die allerdings dazu den IWF anrufen und sich strengen Bedingungen unterwerfen müssen. Der IWF möchte auch die internationale Zusammenarbeit in der Währungspolitik fördern, dazu Wechselkurse stabilisieren, den Welthandel stärken. Gelegentlich wird der IWF mit der 1930 in Basel gegründeten *Bank für Internationalen Zahlungsausgleich* BIZ verwechselt. Die BIZ hat 60 Mitglieder, sämtlich Zentralbanken von Ländern oder Währungsgebieten. Die BIZ untersucht die Konjunktur- und Finanzmarktlage sowie die internationale Währungs- und Finanzstabilität. In einem Ausschuss werden Empfehlungen zur Regulierung von Banken erarbeitet.

Die *Weltbank* ist eine Gruppe von Entwicklungsbanken, die den Wiederaufbau der vom Zweiten Weltkrieg zerstörten Staaten finanzieren. Die Weltbank fördert Entwicklungsprojekte (jedoch in teils umstrittener Weise) und treibt die Privatisierung in Entwicklungsländern voran. IWF und Weltbank sind Sonderorganisationen der UNO.

Die *Organisation der Vereinten Nationen* UNO, 1945 nach gelungener Zusammenarbeit im Völkerbund gegründet, hat heute 193 Mitgliedsländer. Ziele der UNO sind die Wahrung des Weltfriedens und der internationalen Sicherheit sowie die Entwicklung besserer, freundschaftlicher Beziehungen zwischen den Nationen.

Ressourcen 3

Kosten gehen auf Produktionsvorteile, also auf technologische Vorteile zurück. Doch Technologien können kopiert werden. Im Unterschied zu Smith und Ricardo erklären Heckscher und Ohlin internationale Handelsströme mit der unterschiedlichen Verfügbarkeit von Ressourcen. In der Folge gleichen sich die Preise für Produktionsfaktoren an. Eine nicht überall vorhandene Ressource ist das Wissen oder der Wissensvorsprung. Einschränkungen des freien Handels können aus Externalitäten der Ressourcen resultieren, sowie aus der Volatilität.

3.1 Inputverfügbarkeit

Die Theorie von Ricardo betrachtet relative Kostenvorteile und vergleicht damit letztlich Produktivitäten. Diese Relationen von Output und Input sind durch die Produktionstechnologien bestimmt. Doch die Technologien gleichen sich im Verlauf der Zeit zwischen den verschiedenen Ländern an. Von daher sollten nach einer Zeit der Anpassung der Technologien die Produktivitäten für die im Außenhandel betrachteten Güter in den meisten Ländern ähnlich sein. Es kann dann nicht mehr sein, dass sich in einem Land A die Kosten zweier Güter wie 1 zu 1 verhalten und in einem Land B wie 3 zu 1.

Durch die Angleichung der Technologien und damit der Produktivitäten bestehen kaum noch Unterschiede, die nach Ricardo Außenhandel erklären könnten. Statt zu Import käme es zur Erkundung neuen technologischen Wissens, über das andere Länder bereits verfügen. Nicht der Handel, sondern die Industriespionage und die Übernahme von Firmen, die neue Technologien entwickeln, stünden im Vordergrund internationaler Wirtschaftsbeziehungen.

Diesen Punkt greifen Eli Heckscher (1879–1952) und Bertil Ohlin (1899–1979) auf. Sie stellen eine Theorie auf, nach der nicht die Produktivität (wie bei Ricardo),

© Springer Fachmedien Wiesbaden GmbH, ein Teil von Springer Nature 2019
K. Spremann, *Internationale Finanzwirtschaft*, essentials,
https://doi.org/10.1007/978-3-658-23820-9_3

sondern die Ausstattung eines Landes mit Produktionsfaktoren in den Mittelpunkt rückt. Die Richtung internationaler Handelsströme wird mit der unterschiedlichen Verfügbarkeit von Ressourcen erklärt. Das Heckscher-Ohlin-Theorem besagt: Länder exportieren die Güter, deren Produktion vorwiegend diejenigen Inputs benötigt, die im Vergleich zu anderen Produktionsfaktoren reichlich vorhanden sind.

Also, angenommen die Kosten für die Herstellung von Elektronik und von Kleidung sind in beiden Ländern A und B inzwischen 1 zu 1. Jedoch verlangt die Herstellung von Elektronik viel technisches Verständnis und eine Lehre, und die Fertigung von Kleidung beruht auf leicht erlernbarer Näharbeit. Nun, so die Annahme, gibt es im Land A viele Jugendliche mit technischem Verständnis, im Land B viele einfache Frauen, die gut nähen können. Deshalb wird nach Heckscher und Ohlin Land A überwiegend Elektronik produzieren und auch nach B exportieren, während Land B überwiegend Kleidung herstellen und auch nach A exportieren wird. Das ist für beide Länder besser, als wenn sie sich protektionistisch verschließen würden.

▶ Ein Beispiel: Griechenland wird aufgrund des Klimas und den vielen zerschnittenen und hügeligen landwirtschaftlichen Flächen zwar Gemüse und Olivenöl exportieren, aber eben nicht Weizen, der für den Maschineneinsatz große ebene Anbauflächen benötigt. Und sicher wird Griechenland nicht Stahl importieren, um Autos zu bauen, die dann exportiert werden könnten. Ein zweites Beispiel mit drei Produktionsfaktoren (Arbeitskräfte, Kapital, Land) und drei Ländern (Bangladesch, USA, Schweiz): Von diesen drei Ländern hat Bangladesch relativ viel Arbeitskräfte, die Schweiz hat relativ viel Kapital und die USA haben (im mittleren Westen) vergleichsweise große landwirtschaftliche Fläche. Folglich wird sich Bangladesch auf die Herstellung von Kleidung konzentrieren, weil dies besonders arbeitsintensiv ist. Das Land wird folglich Kleidung in die anderen Länder exportieren. Die USA werden versuchen, Nahrungsmittel, auch Fertignahrung zu exportieren, und die Schweiz wird für Produktion und Export einen Schwerpunkt setzen, bei dem viel Kapitaleinsatz verlangt ist, wie etwa in der pharmazeutischen Forschung.

Die Preise und Währungsrelationen werden sich so einstellen, dass die von Heckscher und Ohlin beschriebene Außenhandelskonfiguration gestützt wird. In der Folge gleichen sich die Preise für die verschiedenen Produktionsfaktoren in den am Handel beteiligten Ländern an: Nach einer Phase der Anpassung, und immer nach den herrschenden Währungsrelationen umgerechnet, bestehen überall

gleich hohe Löhne, gleich hohe Renditen für das Produktionskapital, gleich hohe
Mieten für landwirtschaftliche Fläche.

> Beispiel: Im Land A verhalten sich die Durchschnittslöhne von Mit-
> arbeitern zu den Gehältern und Boni der Topmanager wie 1 zu 50. Im
> Land B verhalten sich die Durchschnittslöhne von Mitarbeitern zu den
> Gehältern und Boni der Topmanager hingegen wie 1 zu 5. Nun tre-
> ten beide Länder in den Handel ein. Also wird sich das Lohnverhält-
> nis angleichen. Da jedoch das Land A viel größer und wirtschaftliche
> bedeutender als B ist, wird sich das Lohnverhältnis im Land B stärker
> ändern. Nach einiger Zeit der Anpassung beträgt es in beiden Ländern
> 1 zu 40.

3.2 Preiskonvergenz

Die Heckscher-Ohlin-Theorie des Außenhandels führt mithin zur *Faktorpreiskonvergenz*. Paul A. Samuelson (1915–2009) hat in einem mathematischen Modell
gezeigt, dass sich die Faktorpreise sogar *perfekt* angleichen. Diese Angleichung
der Faktorpreise gilt sogar unter der Annahme, dass die Faktoren (etwa wie
Arbeit) über die Grenzen hinweg nicht mobil sind.

Das ist schon einzusehen. Wenn SAP ein Forschungszentrum gründet, und
in der Welt ein wirtschaftliches Gleichgewicht erreicht ist, dann ist egal, ob als
Standort Spanien oder Irland gewählt wird (es sei denn, steuerliche Anreize und
Subventionen lenken).

Für viele Politiker hochentwickelter Länder ist die Faktorpreiskonvergenz pro-
blematisch. Sie bedeutet beispielsweise, dass von den heute noch bestehenden
Unterschieden ausgehend, die Löhne für Arbeiter in Bangladesch steigen werden
und die in den USA und in der Schweiz unter Druck geraten.

Samuelson hat in Zusammenarbeit mit Wolfgang F. Stolper (1912–2002) weitere Erkenntnisse gewonnen und bewiesen. Sie untersuchen, welche Wirkung
der Anstieg des Preises eines Handelsguts hat. Das *Samuelson-Stolper-Theorem*
besagt, dass dann die Entlohnung desjenigen Produktionsfaktors steigt, der intensiver in der Produktion des betreffenden Gutes verwendet wird. Die Entlohnung
der anderen Produktionsfaktoren kann sogar sinken.

> Das bedeutet: Sollten die Preise für Kleidung, ein Exportgut von Ban-
> gladesch, steigen, dann steigen dort die Löhne, weil die Herstellung
> von Kleidung arbeitsintensiv ist. Jedoch könnten die Mieten von

Fabrikgebäuden, ein anderer Produktionsfaktor für die Kleiderher-
stellung, sogar fallen. Und wenn die Löhne in Bangladesch steigen,
dann steigen sie aufgrund der Faktorpreiskonvergenz auch in den
anderen Ländern. Das heißt: Steigen die Preise für Bekleidung, dann
steigen die Löhne für einfache Arbeit in Deutschland und die Mieten
für Fabrikgebäude in Deutschland fallen (obwohl Bekleidung praktisch ausschließlich in Bangladesch hergestellt wird).

Dabei tritt sogar ein *Verstärkungseffekt* (Magnification Effect) ein, weil der pro-
zentuale Preisanstieg des Güterpreises sich mit einem höheren Prozentsatz auf
die Verteuerung des Preises jenen Faktors auswirkt, der zur Produktion des Gutes
besonders intensiv genutzt wird.

▶   Ein Beispiel für den Verstärkungseffekt im Samuelson-Stolper-Theorem:
    Einige Länder exportieren Metalle der Seltenen Erden, die auch früher
    schon gewisse Verwendungsmöglichkeiten hatten. Seit 1994 werden
    sie besonders für die Herstellung der Magnete in permanent erregten
    Elektromotoren verwendet, die deutlich weniger Strom beim Anfahren
    benötigen, wodurch Fahrzeuge mit kleineren Batterien auskommen.
    Diese Anwendung hat beachtliche Preiserhöhungen bei den Selte-
    nen Erden ausgelöst. Die an der Gewinnung (Erze, Trennverfahren)
    Berechtigten haben mit ihren Aktien weit überproportional gewonnen.

Das Samuelson-Stolper-Theorem trifft mithin Aussagen über den Zusammenhang
zwischen Güterpreisen und realen Faktoreinkommen. Insbesondere zeigt es, wie
sich Änderungen der Güterpreise in Änderungen der Preise für die Produktionsfaktoren niederschlagen.

Auf die Heckscher-Ohlin-Theorie baut auch Tadeusz M. Rybczynski
(1923–1998) auf und beweist 1955 einen intuitiv einsichtigen Effekt. Der
Rybczynski-Effekt betrifft diese Frage: Was geschieht, wenn sich der landes-
weite Vorrat eines Produktionsfaktors verändert, während die Vorräte des anderen
Produktionsfaktors oder der anderen Produktionsfaktoren unverändert bleiben?
Die Antwort: Erhöht sich die Verfügbarkeit eines Produktionsfaktors, dann folgt
eine Ausweitung von Produktion und von Export desjenigen Gutes, das diesen
Faktor intensiver nutzt (als die Produktionen anderer Güter).

▶   Beispiele: In Russland werden immer wieder neue Energiequellen
    zur Stromerzeugung erschlossen. Nach dem Rybczynski-Theorem

nehmen dann in Russland die Erzeugung und der Export von Alumi-
nium deutlich zu, das viel elektrische Energie bei der Schmelzfluss-
elektrolyse verbraucht. Ein zweites Beispiel für den Rybczynski-Effekt:
In den Jahren 1978 und 1979 kamen 280.000 Flüchtlinge nach Hong
Kong. Die damalige Kronkolonie hatte auf einmal sehr viele Menschen,
die Arbeit suchten. Folge: Die Produktion an zeitaufwendig montier-
ten und in Handarbeit hergestellten Dingen (wie Taschenradios) nahm
enorm zu, nicht aber die Produktion von Dingen, bei denen Arbeits-
kraft als Input weniger intensiv verlangt war.

3.3   Wissen

Die Theorien des Außenhandels betonen zwei Aspekte: erstens die Verfügbarkeit
von Produktionsfaktoren (Heckscher und Ohlin) und zweitens die Produktivität
(Ricardo). Nun zeitigen heute viele Produktionsprozesse oftmals enorme Skalenerträge. So entsteht die Frage, wie sich Skalenerträge (und andere Größenvorteile)
erstens auf die Verfügbarkeit von Ressourcen und zweitens auf die Produktivität
auswirken.

Schon immer lag ein Grund für Handel darin, dass der Käufer das Gut
schlichtweg nicht selbst produzieren kann, und dass das betreffende Gut kaum
Substitute hat. Die Unmöglichkeit, ein Gut in einem Land selbst zu produzieren,
liegt wiederum darin, dass ein dafür wichtiger Produktionsfaktor nicht vorhanden
ist. Das kann beispielsweise ein Rohstoff sein. Also wird das Land den benötigten
Rohstoff importieren wollen. Wenn das über den Rohstoff verfügende Land darauf besteht, die Produktion des Gutes zu behalten, dann wird eben das fertige
Erzeugnis importiert.

Ein heute wichtiger Produktionsfaktor, der nicht überall verfügbar ist, ist das
Wissen. Es zeigt sich in der Konstruktion und im Design von Erzeugnissen, in
bekannten Marken, in Software und in Künstlicher Intelligenz KI. Zwar ist Wissen leicht kopierbar, doch die das Wissen haltenden Länder haben natürliche
Vorteile bei der Weiterentwicklung des Wissens. So kommt es dazu, dass Güter,
die das neueste Wissen in sich tragen nur von jenen Ländern exportiert werden
können, die das Wissen ausbauen und erneuern und damit immer wieder einen
Wissensvorsprung haben.

▷   Zu diesen Gütern gehören die Kommunikationstechnologie oder die
     Militärtechnologie. Auch die Spitzenarchitektur der Welt, das Design
     weltweiter Marken oder Luxuserzeugnisse finden kaum Ersatz durch

die Bemühungen lokaler Anbieter, weil das als Input verlangte Wissen
fehlt oder weil lokal vorhandenes Wissen bereits veraltet ist.

Nicht jedes Land hat ein System der dualen Bildung mit Berufsschulen, eigene
Spitzenuniversitäten, Plätze für Start-up-Unternehmen oder ein Wissens- und
Erfahrungszentrum wie das Silicon Valley. Weil Wissen weiteres Wissen nährt,
haben die wissenden Nationen im Außenhandel dauerhafte Vorteile.

Der zweitgenannte Bestimmungsgrund für den Außenhandel sind (rela-
tive) Vorteile bei der Produktivität. Hier drängen sich zwei Gründe auf, die zu
Produktionsvorteilen führen. Erstens ist das die Zeit: Wer schon lange in einem
Geschäft tätig ist, hat so viel Erfahrung, dass die Produktivität und damit die
Position im Wettbewerb hoch sind. Der zweite Grund besteht in der Standardi-
sierung, noch forciert durch die Digitalisierung, durch die weitgespannte Netz-
werke und damit natürliche Monopole entstehen. Zum ersten Grund der Zeit: Die
Produktivität wird sich vielfach mit der Outputquantität erhöhen. Dies besonders
dann, wenn Menschen in der Produktion mitwirken, bei ihrer Arbeit lernen und
Erfahrungen sammeln. Die Produktivitätssteigerungen gehen auf *Lerneffekte*
(Learning by Doing) zurück. Das bedeutet, dass Länder, die schon seit geraumer
Zeit ein Produkt herstellen, durch Lerneffekte und Erfahrungen unschlagbar hohe
Produktivität erreicht haben.

> ▶   Die produktivitätssteigernden Erfahrungen können durch Kopieren
> der Technologie meistens nicht übertragen werden. Erfahrungen wer-
> den durch berufliche Fachausbildung und gemeinsames Arbeiten von
> Meistern, Gesellen und Lernenden weitergegeben. Das geschieht vor
> einem kulturellen Hintergrund. Die Erfahrungen können kaum sprach-
> lich ausgedrückt, übersetzt und durch bloßes Lesen internalisiert
> werden. Jeder Studierende möchte eine theoretische Abhandlung
> beiseitelegen und denkt, in der Praxis besser zu lernen. Lerneffekte
> machen Erfahrung nicht nur zu einem reichlicher vorhandenen Input,
> sie erhöhen die Produktivität.

Der zweite Grund für Produktivitätssteigerungen liegt in der *Standardisierung*.
Die Vereinheitlichung von Merkmalen erlaubt es, viele Einzelobjekte einheitlich zu behandeln. Dadurch reduziert sich der Aufwand auch bei großer Quanti-
tät, und die Produktivität steigt. Wo von vielen Personen stammende Aufträge
einheitlich behandelt werden, entstehen Netzwerkstrukturen. Netzwerke haben
aufgrund ihrer Natur die Eigenschaft, dass große Verbunde und Netzwerke für
alle Angeschlossenen nützlicher sind als kleine. Güter und Dienstleistungen, die

in Netzwerken produziert werden, zeigen daher mit der Größe des Netzwerkes zunehmende Produktivität. Der Netzwerkbetreiber hat damit ein *natürliches Monopol*. Die Standardisierung wird heute durch die Digitalisierung vorangetrieben. Wer es schafft, Teilschritte einer Wertschöpfungskette zu digitalisieren und über das Web zentral von einer Stelle aus zu erledigen, hat hinsichtlich der Produktivität einen global praktisch nicht überholbaren Vorteil. Digitalisierte Plattformen verdrängen herkömmliche Unternehmen, obwohl sie über die bislang üblichen Maschinen, Geräte, Einrichtungen nicht verfügen, und sie übernehmen attraktive Teilschritte der Wertschöpfungsketten. Die beiden genannten Gründe hoher Produktivität (Lerneffekte und Erfahrungen, Standardisierung und Digitalisierung) verschaffen dem jeweiligen Land mithin eine dauerhafte Vorteilsposition im Außenhandel.

Zwischenfazit der Ansätze und Theorien für den Außenhandel
Kostenvorteile (Smith, Ricardo) können auch schnell wieder verschwinden. Die nachhaltigsten Positionen entstehen,

- wenn ein Land über Rohstoffe verfügt, die andere nicht haben, oder eben über einen *Wissensvorsprung*, der sich nicht leicht einholen lässt.
- Ebenso entstehen nachhaltige Positionen im Außenhandel durch *Produktivitätsvorsprung*. Ein solcher kann erreicht werden, wenn die Produktion eines Gutes 1) Erfahrungen verlangt und wenn Produktion und Export des Gutes weiteres *Lernen* und weitere Erfahrungen nähren. Ein nachhaltiger Produktivitätsvorsprung kann auch durch 2) *Standardisierung*, durch *Digitalisierung*, die Schaffung netzwerkartiger Strukturen und von digitalen Plattformen ausgehen.

3.4 Externalitäten

Wenn ein Gut beschafft, hergestellt, gelagert, verwendet oder konsumiert wird, dann sind gewisse Personen direkt und primär beteiligt. Bei vielen Gütern sind indes auch an sich unbeteiligte Dritte oder sogar die Anderen ganz allgemein in ihren Nutzenempfindungen betroffen. Dann wird gesagt, das Gut habe externe Effekte. Die externen Effekte können positiv oder negativ sein. Es liegt auf der Hand: Jeder möchte in seiner Nachbarschaft lieber eine Baumschule sehen als ein lautes Sägewerk hören. Positive Externalitäten entstehen, wenn jemand zu einem öffentlichen Gut beiträgt.

> Nach Richard Musgrave (1910–2007) ist ein öffentliches Gut durch zwei Merkmale charakterisiert: Nicht-Ausschließbarkeit und Nicht-Rivalität. Alle wünschen sich öffentliche Güter, alle können aus ihnen Nutzenvorteile ziehen, ohne dass dabei jemand ausgeschlossen wird (und dadurch Rivalität entstehen könnte). Wie Samuelson bewies, versagt ein rein privatwirtschaftlicher Markt bei der Versorgung mit öffentlichen Gütern, insofern als die Allokation nicht effizient ist. Eine reine Privatwirtschaft führt auf eine Unterversorgung.

Genauso ist es bei Gütern mit positiven externen Effekten. Die positiven Nutzenempfindungen Dritter gehen nicht in die Preisbildung ein. Ebenso gehen bei negativen Externalitäten die Nachteile für Dritte nicht in die Preisbildung ein. Dadurch kann es zu Verzerrungen bei der Produktion, bei Export und bei Import kommen.

Nun haben einige für den Außenhandel bedeutsame Ressourcen externe Effekte.

• Landwirtschaft ist nicht nur für die Nahrungsmittelherstellung verlangt, sie ist auch gut wegen der Landschaftspflege, die sich hierzulande alle wünschen.
• Beschäftigung ist nicht nur in den Produktionsprozessen verlangt, sie ist auch gut für das Glück und die Zufriedenheit der Arbeitnehmer und damit für den sozialen Frieden im Land.
• Wissen ist nicht nur für die Schaffung intelligenter Produkte verlangt, denn Wissen ist auch förderlich für die Erzeugung weiteren Wissens und damit für die Zukunft aller Menschen im Land.

In der Folge werden Länder, die Wert auf Landschaftsschutz legen, Importe von Agrarerzeugnissen reduzieren oder blockieren wollen, selbst wenn die Preise bei den Importangeboten niedrig sind. Länder mit hoher Arbeitslosigkeit, wo der soziale Frieden nicht weiter belastet werden darf, wollen die vorhandenen Arbeitsplätze nicht weiter gefährden. Sie werden die Importe vieler Industrieerzeugnisse reduzieren oder blockieren, selbst wenn die Importangebote preisgünstig sind. Und da alle Länder sehen, dass ein Wissensvorsprung die eigene

Zukunft sichert, werden sie sich die Chancen für die eigene Entwicklung von IT und KI nicht zunichtemachen, indem sie alle intelligenten Produkte und Dienstleistungen importieren.

Alle Nationen wollten dann den Außenhandel auf Produkte einschränken, die kein Nahrungsmittel sind, deren Produktion nicht arbeitsintensiv ist, und die kein besonders wertvolles Wissen verlangt. Solche Produkte gibt es durchaus. Dazu gehören Baumaterialien, Fahrzeuge, Elektronik und die meisten Konsumgüter. Das wäre eine durchaus richtige Lösung der Problematik externer Effekte. Jedoch werden die externen Effekte nicht in allen Nationen gleich stark gewichtet. Während in der Schweiz und in Österreich die von Landwirten erbrachte Landschaftspflege sehr hoch geschätzt wird, ist die Landschaftspflege in den USA mit den Flächen des mittleren Westens kein großes Thema. Während in Südeuropa die Arbeitslosigkeit und besonders die Jugendarbeitslosigkeit allgemein als stark negativ empfunden wird, stellt sich dieses Thema in den überbeschäftigten asiatischen Ländern nicht. Während in den USA die enormen positiven Externalitäten für die Zukunft erkannt sind, die mit Software, Informatik, Digitalisierung verbunden sind, werden diese positiven Externalitäten in anderen Ländern zum Teil nicht gesehen.

Deshalb besteht keine Einigkeit zwischen den Ländern darüber, ob die entsprechenden Güter vom Außenhandel ausgeklammert werden sollten oder nicht.

- Europäer wünschen keine Importe von landwirtschaftlichen Erzeugnissen, doch in den USA dominiert die Sicht, es handele sich um Güter, bei denen ein freier Markt Effizienz herbeiführt.
- Amerikaner möchten Jobs erhalten, doch für die Chinesen sind ihre Exportgüter normale Güter ohne Externalitäten, weshalb der Markt entscheiden sollte, wer was macht.
- In den USA werden die positiven Externalitäten von IT und KI gesehen, weshalb sie auf keinen Fall die damit verbundenen Exportchancen verlieren möchten und die anderen Länder dazu drängen, auf Eigenentwicklungen zu verzichten.

Das passt nicht zusammen, und stellt, ganz ähnlich wie der Merkantilismus, eine Gefährdung für den Außenhandel dar. Europäische Länder weigern sich strikt, sich für US-amerikanische Nahrungsmittel zu öffnen. US-Amerikaner werden zunehmend widerwillig, Produkte zu importieren, bei denen sie Jobs verlieren. Und Chinesen blockieren die Produkte US-amerikanischer Firmen der Hochtechnologie. Alibaba statt Amazon.

3.5   Volatilität

Die Bedingungen im Außenhandel sind nicht konstant in der Zeit. So könnten sich, um in der Theorie absoluter Kostenvorteile (Smith) zu bleiben, die
Produktionskosten im Exportland erhöhen. Neue Wettbewerber dürften das
Anbieterland unterbieten und verdrängen. Durch technologischen Fortschritt
verschieben sich zudem die Produktivitäten. Neue Vorräte an Rohstoffen werden durch Exploration entdeckt. Nach den Theorien von Heckscher und Ohlin,
von Stolper und Samuelson sowie von Rybczynski ergeben sich Folgen für die
Handelsströme, für Mengen und für die Preise. Diese Veränderungen wirken eher
langsam und sind als Trends erkennbar.

Zusätzlich ist der Außenhandel von kürzerfristigen, weitgehend unvorher-
gesehenen und daher als „zufällig" angesprochenen Einflüssen betroffen. Das
Wetter hat wechselnden Einfluss auf den Energiebedarf. Immer wieder, wenn-
gleich nicht immer vorhersehbar, kommt es zu Ernteausfällen. Lokaler Bedarf an
Medikamenten kann plötzlich evident werden. Störungen in Bergwerken können
die Versorgung mit Rohstoffen einschränken. Nachrichten über die Konjunktur
eines Landes betreffen Importe und Exporte.

Nicht alle Einflüsse sind naturbedingt, weil auch der Mensch und die Politik auf den Welthandel einwirken, und zwar in für andere wenig vorhersehbarer
Weise: Neue Gesetze werden verabschiedet. Die Besteuerung von Unternehmen wird geändert. Änderungen bei Freihandelsabkommen verschieben
die Güterströme. Politiker verlangen, dass sich ausländische Exporteure Selbst-
beschränkungen auferlegen. Ein Handelsembargo bewirkt zusätzliche Veränderungen im Welthandel.

▶   Ein Embargo wird von mächtigen Ländern oder Ländergruppen
      gegen ein bestimmtes Land ausgesprochen, um dieses von den
      regelmäßigen Handelsströmen abzuschneiden. Das Embargo soll für
      das betroffene Land wirtschaftliche Probleme mit innenpolitischen
      Folgen für die Regierenden erzeugen. Ein Embargo hat auch nega-
      tive Konsequenzen für Länder, die das Embargo betreiben. Und wie
      die Geschichte zeigt, sind diese nicht nur temporär, sondern perma-
      nent, weil sich durch das Embargo die Wirtschaftsstruktur dauerhaft
      verändert.

Eine weitere, als zufällig zu betrachtende Störung gewohnter Handelsströme kann
durch Finanzprobleme eines Landes ausgelöst werden. So werden die Trends im

Außenhandel immer wieder durch zufällige Veränderungen oder Störungen über-
lagert. Kurz: Es gibt *Volatilität.*

Ein am Welthandel teilnehmendes Land muss daher zwei Fragen beantworten:
1) Welche Rohstoffe und welche Güter sollte es exportieren oder importieren und
welche Vorteile ergeben sich aus der durch Handel möglich gewordenen Spezialisierung? 2) Wie kann das Land mit der Volatilität bei Export und Import umgehen
und welche Wohlfahrtsverluste ergeben sich für das Land aus der Spezialisierung
angesichts von Volatilität?

Grundsätzlich stellt Volatilität ein Risiko dar und ist daher nachteilig. Der
Nachteil kann sich darin zeigen, dass ein Land, um gegen zufällige Schwankungen bei Export und Import besser geschützt zu sein, einen geringen Grad an
Spezialisierung vorzieht und damit auf die Vorteile einer Teilnahme am Markt
verzichtet. Schutzmaßnahmen können gegen die Volatilität erforderlich werden,
beispielsweise durch höhere Flexibilität und Absicherung, oder durch höhere
Vorratshaltung. Auch solche Maßnahmen gehen mit Kosten für das Land ein-
her. Hinzu kommt, dass Zufallseinflüsse die klare Sicht auf die Situation beein-
trächtigen: Die Volatilität reduziert die Informiertheit. Daher wird die Gefahr
größer, dass eine Partei unerkannt manipulative Taktiken ergreifen kann. Die
Volatilität im Weltmarkt darf also für alle Länder als nachteilig angesehen
werden.

Doch die Nachteile aus Volatilität sind unterschiedlich hoch. Typischerweise
sind große und diversifizierte Länder bei den internationalen Strömen von Gütern
und Rohstoffen weniger von Nachteilen betroffen als mittlere und kleinere Länder, wobei stark fokussierte kleine Länder besonders betroffen sind. Jedes Land
hat durch die ihm gegebenen oder verbleibenden Wahlmöglichkeiten gewisse
Optionen. Doch große Länder haben mehr Optionen als kleine Länder.

Nun erhöht sich der Wert einer Option mit der Volatilität. Somit bewirkt
die Volatilität, dass große Länder viele und wertvolle Optionen halten, während kleine Länder nur über wenige Optionen verfügen. Das bedeutet, dass die
Volatilität den Abstand zwischen großen und kleinen Ländern erhöht und damit
die (relative) Positionierung großer Länder verbessert. Unterschiede zu den kleineren Ländern werden vergrößert. Von daher könnten große Länder oder große
supranationale Gebilde, anders als kleine und allein stehende Länder, der Volatilität Vorteile abgewinnen.

Dazu werden Strategien und Taktiken gefahren, die geeignet sind, die
„Volatilität auszuspielen". Solche Volatilitätsstrategien sind aus Theorie und Praxis der Finanzmärkte bekannt: Ein Trader kauft eine Call- und eine Put-Option
auf denselben Basiswert. Allerdings verliert der Trader, wenn sich der Kurs des
Basiswerts nicht oder nur wenig verändert. Eine der Taktiken verlangt deshalb,

die Volatilität möglichst zu erhöhen. Große Trader streuen dazu Nachrichten. Dasselbe Spiel greift in der internationalen Finanzwirtschaft: Eine Nation kann politisch überraschen. Andererseits werden jene, die angesichts der Volatilität eher verlieren als gewinnen, versuchen, die zufälligen Schwankungen aufzufangen und auszugleichen, sofern sie das können. Dazu könnte sich ein Land oder eine Organisation in einer Richtung verhalten, die zur zufälligen Störung entgegengesetzt ist und sie kompensiert. Oder ein Land könnte sich weigern, einem Embargo zu folgen (sofern das nicht aus moralischen oder politischen Gründen unmöglich ist). Beispielsweise ist die OPEC dazu übergegangen, bei Spitzenbedarf mehr Öl zu fördern, und bei einer Nachfrageflaute die Ölförderung zu drosseln. Besonders wenn hinsichtlich der Volatilität eine Nation Überlegenheit ausspielt, sollten die mittelgroßen und die kleinen Nationen versuchen, die Volatilität zu reduzieren (wie das zu Beginn zitierte Wort empfiehlt).

Währungsräume

4

Verschiedene Wechselkursregimes behindern oder fördern die internationale Spezialisierung.

4.1 Geld- und Kapitalströme

Der Handel zwischen den Nationen führt zu internationalen Geldströmen: Länder mit Überschüssen können Geld anlegen (oder Schulden zurückzahlen), Länder mit Defiziten müssen Geld aufnehmen (oder im Ausland vorhandene Vermögenspositionen verkaufen). Zusätzlich bringt auch die Finanzwirtschaft eines Landes von sich aus Kapitalströme mit sich, die ins Ausland gehen oder von dort kommen. Heute sind die Finanzmärkte so groß, dass Exporte und Importe sogar den geringeren Teil der internationalen Ströme von Geld und Kapital bedingen.

▶ Ein Beispiel: Lebensversicherungen wenden das Kapitaldeckungsverfahren an und halten deshalb hohe Finanzanlagen. Doch der inländische Kapitalmarkt ist vielleicht nicht groß und liquide genug. Das war so in Österreich bis zur Einführung des Euro. Weil der Finanzmarkt für in Schilling notierter Währung wenig ausgebildet war, haben die österreichischen Lebensversicherer die Beiträge auf dem deutschen und auf dem amerikanischen Kapitalmarkt angelegt.

Der amerikanische Kapitalmarkt ist attraktiv, weil 1) der Dollar eine global wichtige Währung ist, 2) die dort gehandelten Wertpapiere hohe Liquidität haben, 3) die Rechtsprechung der USA Forderungen und Beteiligungen schützt und weil 4) die amerikanische Zentralbank (Fed) stets eine stabilisierende Politik verfolgt

© Springer Fachmedien Wiesbaden GmbH, ein Teil von Springer Nature 2019
K. Spremann, *Internationale Finanzwirtschaft,* essentials,
https://doi.org/10.1007/978-3-658-23820-9_4

hat. Aufgrund der Liquidität waren und sind zudem 5) die Kapitalkosten etwas niedriger, weshalb zahlreiche Länder, die Kapital benötigen, dies in den USA aufgenommen haben.

▷   Die komparativen Vorteile einer Verschuldung in Dollar war auch ein Grund für die Asienkrise 1997–1998. Zahlreiche Unternehmen hatten sich aufgrund der höheren Effizienz des amerikanischen Bankensystems in Dollar verschuldet (sowie aufgrund des geringen Zinssatzes in Yen). Die asiatischen Schuldner erhielten ihre Umsatzerlöse hingegen überwiegend in heimischer Währung. Schon ein kleiner Rückgang des Außenwerts der heimischen Währung brachte alle Unternehmen mit Schulden in Fremdwährung in finanzielle Schwierigkeiten, wodurch die heimischen Währungen noch stärker fielen. Denn die Auslandsschulden der involvierten Länder waren höher als ihre Währungsreserven.

Heute ist ein jedes Land daheim und im Ausland verschuldet. Schulden haben die Privathaushalte (etwa als Hypothekarschulden), die Unternehmen und die staatlichen Einrichtungen (Kommunen, Länder, Bund). Der Gesamtbestand an Schulden in der Welt beträgt, umgerechnet in Euro, 211 Billionen EUR, das ist über dreimal so groß wie das weltweite Bruttoinlandsprodukt. In Japan, Griechenland und Italien ist die Staatsverschuldung im internationalen Vergleich hoch. In Hongkong, Irland und China haben Unternehmen vermehrt Kredite aufgenommen. In Ländern wie Schweden, Norwegen und Kanada ist durch die enorm gestiegenen Immobilienpreise die Verschuldung privater Haushalte kritisch hoch. Die Gläubiger sind Privatpersonen und institutionelle Investoren, die wiederum für ihre Kunden anlegen. Die in Wertpapieren angelegten Vermögen (Bankeinlagen, Wertpapiere, Ansprüche gegen Versicherungen und Pensionsfonds, ohne Immobilien) werden mit rund 170 Billionen EUR geschätzt, und fast die Hälfte (45 %) der Vermögenden wohnen in den USA.

Internationale Kapitalströme werden auch durch grenzüberschreitende Investitionen in Unternehmen verursacht. Auch hierbei ist der US-amerikanische Finanzmarkt attraktiv, weil sich die Amerikaner von ihrem Grundverständnis her eine für Unternehmen durchaus vorteilhafte Fiskalpolitik wünschen: Unternehmen sind geschützt und werden wenig kritisiert, und immer wieder werden die Steuern gesenkt. Zudem werden Ausländer, die Aktien halten, nicht gegenüber Inländern diskriminiert. Ihre Depots sind in den USA geschützt. US-Gesellschaften informieren regelmäßig, bekunden sich zum Streben nach Wertsteigerung und transferieren immer wieder Werte an die Investoren durch Aktienrückkäufe (Buybacks).

Weltweit werden für rund 70 Billionen EUR Aktien gehandelt. Doch Beteiligungen an zahlreichen Unternehmen, die teils auch von Ausländern errichtet und gehalten werden, sind nicht an Börsen gehandelt. Damit dürfte das gesamte Kapital (Fremdkapital, Eigenkapital) der Welt bei rund 500 Billionen EUR liegen, weshalb auch die internationalen Kapitalströme hoch sind.

Die Volumina an den Primär- und Sekundärmärkten sind so hoch, dass sie nur zum kleinen Teil durch Handelsüberschüsse oder Handelsdefizite erklärt werden können. Vielmehr sind andere Sachverhalte für die internationalen Kapitalströme bestimmend. Zweckmäßig ist, Bond-Flows und Equity-Flows zu unterscheiden.

- Bond-Flows sind zwischen zwei Nationen fließende Gelder für den Kauf oder Verkauf von Anleihen, von Geldmarktpapieren und für die Abwicklung von Swaps. Überwiegend gehen sie auf die Entscheidungen von Banken und institutionellen Investoren zurück. Bond-Flows werden in mit Zinsunterschieden erklärt. Steigen die Zinsen in einem Land, kommen mehr Gelder für eine Anlage herein. Sinken die Zinsen, fließen mehr Gelder heraus. Ist in einem Land das Zinsniveau sehr gering, kann es dazu kommen, dass sich Ausländer in der Währung des Landes verschulden, um in einem dritten Land Finanzanlagen zu tätigen (Carry-Trades).
- Equity-Flows sind die zwischen zwei Nationen fließenden Gelder, die von Investoren ausgelöst werden, um Aktien zu kaufen oder zu verkaufen. Sie hängen mit den Perspektiven zusammen, die Unternehmen in den jeweiligen Ländern haben. Diese sind stark von der Konjunktur und von der Fiskalpolitik bestimmt. Also lösen beispielsweise Steuersenkungen für Unternehmen Equity-Flows aus, die in das betreffende Land hineinfließen. Wirtschaftliche Eintrübungen dürften hingegen Equity-Flows zur Folge haben, die aus dem Land herausgehen.

Die Bond-Flows und Equity-Flows sind heute so groß, dass sie die Währungsparitäten ebenso bestimmen wie Export und Import. Die Bedingungen, die Bond-Flows und Equity-Flows treiben, sind volatiler als die internationalen Ströme von Waren und Dienstleistungen. Deshalb üben die durch das Geschehen an den Finanzmärkten bedingten Geldströme enorme Kräfte auf die Wechselkurse aus, deren Richtung sich von Woche zu Woche ändert.

4.2 Wechselkursregimes

Das *Wechselkursregime* ist die Art und Weise, in der sich die Tauschrelation zwischen zwei Währungen bildet.

- Ein Regime ist das flexibler Wechselkurse. Die Währungen können frei konvertiert werden und die Tauschrelation wird durch das Angebot und die Nachfrage auf dem Devisenmarkt bestimmt, ohne dass staatliche Instanzen versuchen, lenkend einzuwirken.
- Ein anderes System ist das System fester Paritäten. Die Wechselkurse werden festgesetzt und mit geeigneten Maßnahmen staatlicher Instanzen aufrechterhalten. Die Festsetzung ergibt sich entweder durch eine einseitige Politik unter Akzeptanz der anderen Seite oder durch zwischenstaatliche Vereinbarungen. Mit dem Begriff der *Parität* wird ausgedrückt, dass die Austauschrelation durch staatliche Vorgaben festgelegt wurde.

Zwischen diesen beiden Systemen bestehen Zwischenformen. Eine ist das Währungsregime des gemanagten Floats. Hier sind die Devisenmärkte frei, werden jedoch immer wieder durch kraftvolle staatliche Intervention gelenkt. Zum Teil dienen dazu Übereinkünfte (Accords) und Ankündigungen, und zum Teil werden die Zentralbanken intervenieren. Bei einer anderen Zwischenform bestehen zwar feste Paritäten, doch sie gelten nicht auf Dauer und werden bei Bedarf durch die Regierungen angepasst. Schließlich sind Kapitalverkehrskontrollen zu nennen. Hierbei können durchaus internationale Zahlungen getätigt werden, jedoch werden sie von der Behörde eines der Länder gesteuert, die dann auch festlegt, welche Zahlungsgründe akzeptiert sind, wie lange das Geld erst einmal bei der Behörde bleibt, und zu welcher Parität es dann später getauscht wird.

Flexible Wechselkurse geben einem Land die Möglichkeit, über die eigene Geldpolitik frei entscheiden zu können. Denn bei festen Paritäten, verbunden mit offenen Kapitalmärkten, werden sich die Zinssätze in den Ländern sofort angleichen. Ist eines der Länder sehr groß, wird bei festen Wechselkursen die Zinspolitik des größeren Landes die Zinsen im kleineren Land bestimmen. Regimes mit flexiblen Wechselkursen lassen also den Ländern größere Autonomie. Außerdem kann die Flexibilität der Wechselkurse dabei helfen, dass sich konjunkturelle Schwankungen und monetäre Schocks nicht ungehindert ausbreiten, sondern durch Änderungen der Währungsrelationen abgefangen werden können.

Feste Wechselkurse erlauben, den an Export und Import beteiligten Unternehmen genauer zu kalkulieren und sich stärker international auszurichten. Die Vorteile aus der Spezialisierung und der Wirkung der Marktkräfte (Motivation zu Verbesserungen) sind besser realisierbar. Feste Wechselkurse oder ein Währungsverbund schaffen zudem durch den Handel eine gegenseitige politische und gesellschaftliche Verbindung, durch die „schwache" Länder stabilisiert werden.

1) Daher versuchen kleinere Länder, ihre Währung an die eines größeren Landes zu koppeln, ein *Peg* wird etabliert. 2) Oder ein kleineres Land übernimmt die Währung eines größeren Landes per Gesetz. 3) Oder es bilden sich gemeinsam vereinbarte Währungsräume.

> ▶ Ein Beispiel, wie ein Peg eingeführt, aufrecht erhalten und glaubhaft wird, bietet die Anbindung des österreichischen Schillings (ÖS) an die Deutsche Mark (DM) 1976. Beide Länder waren immer mehr wirtschaftlich verflochten, und ein Peg sollte Österreich noch mehr Vorteile bieten. Die Österreicher haben dazu mit den Deutschen den Peg (1 DM = 7 ÖS) bilateral vereinbart, und die österreichische Zentralbank hat begonnen, die Zinsbeschlüsse der Deutschen Bundesbank sofort und ohne Modifikationen zu übernehmen. Im Laufe der Jahre ist der PEG glaubhaft geworden und sein Bestand wurde von niemandem bezweifelt.

Bei der Schaffung eines Währungsraumes, der mehrere Länder einbezieht, wird man an die *Eurozone* denken. Auch schon früher gab es Versuche, zumindest die Währungsparitäten festzulegen. Ein bekanntes System wurde gegen Ende des Zweiten Weltkriegs von den absehbaren Siegermächten und weiteren Ländern in Bretton Woods vereinbart. Die Paritäten zwischen den einbezogenen Währungen und dem US-Dollar sowie eine Tauschrelation zwischen dem Dollar und Gold wurden festgelegt. Das *Bretton-Woods-System* hatte Bestand bis 1972. Dann wurde erkennbar, dass die USA den Goldstandard nicht aufrechterhalten können.

Die *Lateinische Münzunion* bestand als Währungsunion von 1865 bis zum Beginn des Ersten Weltkriegs 1914. Ihr gehörten Frankreich, Belgien, Italien und die Schweiz an. Spanien, Griechenland, Rumänien, Österreich-Ungarn, Bulgarien, Serbien, Montenegro und Venezuela traten ihr später bei, und weitere Länder übernahmen die Vorschriften, ohne der Union beizutreten. Die Franzosen führten die Union durch die Festsetzung, dass eine Münze für 1 Franc genau 5 Gramm 900/1000-Silber, also 4,5 Gramm Feinsilber wog. Das Wertverhältnis von Silber und Gold wurde auf 1:15,5 festgelegt. Jedes andere Land fixierte seine Währung ebenso auf die beiden Edelmetalle, und dadurch waren alle Währungsparitäten festgelegt. Ein Grund für das Zerbrechen war, dass einzelne Mitgliedsländer damit begannen, Geld zu schaffen, das nicht durch die Edelmetalle gedeckt war.

Sowohl im Bretton-Woods-Sytem als auch bei der Lateinischen Münzunion einigte man sich im Grunde auf ein Edelmetall als Einheitswährung, doch als

Geld verwendet wurden in fixen Relationen sich darauf beziehende nationale Währungen.

Ohne Edelmetall, aber mit gegenseitiger Interventionspflicht, wurde das EWS eingerichtet, auch als *Währungsschlange* bezeichnet. Das EWS bestand zwanzig Jahre 1979–1998. Anfangs waren diese Länder einbezogen: Belgien, Dänemark, Deutschland, Frankreich, Irland, Italien, Luxemburg, Niederlande. Großbritannien trat 1990 bei, und auch andere europäische Länder sind dem EWS beigetreten. Das EWS hatte Wechselkurse als Ziele vorgegeben. Kam es bei den tatsächlichen Kursen zu Abweichungen, so wurden diese mit einer Währungstoleranz um bis zu 2,25 % geduldet. Wenn bei einem Währungspaar die Bandbreite verletzt wurde, dann sollten beide Zentralbanken intervenieren. Es zeigte sich, dass sich immer die Deutsche Mark praktisch bei allen anderen Währungen zum oberen Ende der Bandbreite bewegte. Die Realität war, dass dann die Deutsche Bundesbank Stützungskäufe für die andere Währung tätigen musste. Die Schlange hatte insgesamt einen freien Block-Float zum USD gehabt.

Doch 1992 kam es zu einer Krise des Britischen Pfundes (GBP). Hedgefonds-Manager, darunter George Soros (*1930), meinten, das Pfund müsse wegen zu hoher Inflation innerhalb der Schlange abwerten, vor allem gegenüber der Mark (DEM). Sie spekulierten auf eine Abwertung durch Verkauf von GBP und Kauf von DEM. Um das GBP interessanter zu machen, hätten die Pfund-Zinsen erhöht werden müssen – was aber die britische Wirtschaftskonjunktur abgewürgt hätte. Oder aber: Deutschland hätte die DEM-Zinsen senken müssen, um die Mark unattraktiver zu machen. Doch in Deutschland gab es durch die Tauschregel 1:1 DM gegen Ostmark, die einen makroökonomischen Schock ausgelöst hatte, enorme Inflationsgefahr. Um die Inflation abzuwenden, wollte die Deutsche Bundesbank die DEM-Zinsen nicht senken.

Beide Länder – Großbritannien und Deutschland – hatten 1992 eigene Ziele: England wollte die heimische Wirtschaft nicht abwürgen, Deutschland wollte gegen die drohende Inflation vorgehen. In Bath trafen sich Minister Norman Lamont (*1942) und verlangte vom Gouverneur der Deutsche Bundesbank, Helmut Schlesinger (*1924), die Zinsen für DEM zu senken. Schlesinger sagte viermal „Nein" und drohte, das Meeting zu verlassen. Großbritannien ist daraufhin aus dem EWS ausgetreten und hatte fortan kein Interesse mehr an Währungsvereinbarungen mit anderen europäischen Staaten. Gleichwohl hatte Großbritannien angeregt, das EWS fortzuführen. Doch auch Italien hatte 1992 das EWS verlassen und Frankreich seinerseits hatte Deutschland aufgefordert, das EWS zu verlassen. In Europa dachten damals viele so: Bei einem Peg können immer Spekulationen einsetzen, dass er bricht. Bei einer Einheitswährung geht das nicht mehr. Im Jahr 1998 wurden die Ideen der Währungsschlange in dem deutlich fester konstruierten System EMU wiederbelebt, also in dem Vertragswerk der *Economic and Monetary Union*. Mit Jahresbeginn 1999 wurde der Euro (als Buchgeld) eingeführt, später, mit Jahresbeginn 2002 auch als Bargeld. Für eine Mitgliedschaft in der Eurozone wurden die Maastricht-Kriterien von 1992 zugrundegelegt.

4.3 Optimaler Währungsraum

Bei der Vereinbarung fester Paritäten und erst recht bei der Schaffung einer Einheitswährung stellt sich die Frage, wie groß der Währungsraum optimalerweise sein sollte. Pionierarbeit zur Frage der *Optimal Currency Area* OCA hat Robert A. Mundell (*1932) geleistet. Mundell bringt 1961 auf, dass eine Region eine einheitliche Währung haben sollte, wenn Arbeiter dieser Region flexibel sind und schnell dorthin ziehen, wo sie gerade Beschäftigung finden. Das war ein Argument dafür, in den USA, trotz der mehrere Zeitzonen überspannenden Größe des Landes, eine einheitliche Währung zu haben. Damals war die Arbeit der wichtigste Produktionsfaktor. Wer heute Wissen als wichtigsten Input ansieht, würde eine Einheitswährung für eine Region richtig finden, wenn das Wissen nach Bedarf überall innerhalb der betreffenden Region eingesetzt und dort auch weiterentwickelt werden kann.

Zwei Jahre darauf ergänzt Ronald McKinnon (1935–2014), dass der Vorteil eines Währungsverbundes umso höher ist, je intensiver die betreffenden Länder ohnehin schon durch Handel verbunden sind. Denn dann kann sich die ansatzweise bereits vorhandene Spezialisierung vertiefen. Wenn eine Nation hingegen nicht stark in den Handel mit anderen Ländern integriert ist, dann sollte sie ihre Währung nicht an die der anderen Länder binden.

In einem Folgeaufsatz 1963 bestätigt Mundell dies und fügt hinzu:

- Dass es in der Welt trotz Handel keine einheitliche Währung gibt, ist als Hindernis für die Wohlfahrt zu sehen.
- Jedoch setzt ein Währungsverbund *Homogenität* der eingebundenen Länder voraus, und zwar hinsichtlich 1) des erreichten Wohlstands und 2) der Geschwindigkeit der weiteren Entwicklung. Letzteres verlangt von den Menschen ähnliche Einstellungen zum Sparen und zum Investieren, also einen einheitlichen Finanzmarkt und übereinstimmende Förderung von Unternehmensgründungen.
- Außerdem müssen makroökonomische *Schocks* und *Konjunkturschwankungen* abgefedert werden können, was durch feste Paritäten oder eine Einheitswährung schwierig ist. Unterschiedliche konjunkturelle Verläufe verlangen in

den Ländern eine jeweils auf die lokalen Verhältnisse abgestellte Zins- und Geldpolitik.

Das Thema der Schocks und Konjunkturschwankungen wurde in der Forschung weiter vertieft. Peter Kenen (1932–2012) berücksichtigt verschiedene Ansätze und Paradigmen und kommt zu diesem Schluss: Länder mit diversifizierten Wirtschaftsstrukturen können Schocks leichter auffangen und ausgleichen. Daher könnten sie besser an einer Währungsunion teilnehmen. Diversifizierte Länder könnten an einem System fester Wechselkurse (oder an einer Währungsunion) durchaus auch dann teilnehmen, wenn es sich aus anderen Gründen nicht aufdrängt. Hingegen brauchen spezialisierte Länder Währungsflexibilität, um Schocks abfangen zu können. Jeffrey Frankel und Andrew Rose bestätigen dies für von außen kommende makroökonomische Schocks, doch argumentieren sie, dass es für Konjunkturschwankungen weniger relevant sei. Denn Länder, die in eine Währungsunion eintreten, intensivieren den Handel und beginnen zunehmend, ihre Konjunkturzyklen zu synchronisieren.

Paul De Grauwe (*1946) argumentiert, wie in einem Währungsverbund oder in einer Zone mit Einheitswährung Schocks bewältigt werden, die ansonsten durch flexible Währungen aufgefangen werden. De Grauwe sieht hier die Notwendigkeit,

- dass die Produktionsfaktoren (unter Einschluss der Arbeitskräfte) schnelle *Mobilität* besitzen
- und die eingebundenen Länder bei der Budgetierung *Elastizität* zeigen.

Beides lässt sich nach De Grauwe in einer Demokratie nicht leicht erreichen. Hier wird erkennbar: Vorteile der Globalisierung, nationalstaatliche Autonomie (bei der Geldpolitik) und *Demokratie* können nicht zugleich erfüllt werden.

4.4 Fleming-Mundell-Trilemma

John M. Fleming (1911–1976) und Mundell haben 1962/1963 unabhängig voneinander postuliert, dass ein Staat drei Ziele verfolgen möchte. Die Stichworte sind: Spezialisierungsvorteile, Stabilität, Wachstum.

- Erstens besteht der Wunsch nach *festen Wechselkursen,* denn dies fördert die Arbeitsteilung, die Spezialisierung und bringt damit Vorteile.

- Zweitens besteht der Wunsch, *Autonomie in der Geldpolitik* zu behalten. Denn so können von der Zentralbank die Zinsen und die Geldversorgung der Wirtschaft auf die nationalen Bedürfnisse und die jeweilige konjunkturelle Situation ausgerichtet werden, was Stabilität bewirkt.
- Drittens sollen *freie Kapitalbewegungen* möglich sein. Denn nur so ist das Land für ausländische Investoren attraktiv, die mit ihren direkten Investitionen oder mit dem Kauf von Wertpapieren die heimische Produktion fördern und es dem Staat erlauben, die Infrastruktur auszubauen. Das schafft Arbeitsplätze und Wachstum.

Zu ergänzen ist, dass die durch feste Wechselkurse gestützte internationale Arbeitsteilung *kurz-, mittel- und langfristige Vorteile* bringt. Die Autonomie in der Geldpolitik ist *kurz- und mittelfristig* vorteilhaft, weil sie stabilere Beschäftigung der Arbeitskräfte und der Kapazitäten ermöglicht. Die Wachstumswirkungen aufgrund freier Kapitalbewegungen für internationale Investoren sind sicher *langfristig* positiv. Doch kurzfristig könnten ganz freie Kapitalbewegungen auch dazu führen, dass spekulative Geldschwemmen ein Land überfluten und Preisblasen auslösen.

Leider kann man nicht alles zugleich haben. Stabile Wechselkurse (oder Teilnahme an einer Einheitswährung) würde bedeuten, dass die Forwardsätze und die Spotsätze im Devisenmarkt gleich sind. Nach der gedeckten Zinsparität, deren starke Gültigkeit bereits von John M. Keynes (1883–1946) und John R. Hicks (1904–1989) aufgezeigt wurde, müssen deswegen die Zinssätze im Inland mit jenen im Ausland übereinstimmen. Wenn das Ausland wirtschaftlich und vom Kapitalmarkt her groß ist, werden die Zinssätze von dort vorgegeben. Folglich kann kein (kleines) Land zugleich eine feste Währungsparität verwenden, freie Kapitalbewegungen erlauben und zugleich den eigenen Zins und die eigene Geldpolitik je nach Situation im Inland ändern.

> ▶ **Wichtig**
> Diese Erkenntnis wird heute als Fleming-Mundell-Trilemma bezeichnet:
> Ein Land kann zwar zwei der drei Ziele
>
> - feste Wechselkurse (oder Einheitswährung)
> - autonome Geldpolitik
> - freier Kapitalverkehr
>
> auswählen und beide verwirklichen, doch alle drei Ziele zu erreichen ist unmöglich.

Welche zwei der drei Ziele gewählt werden, ist von Land zu Land verschieden:

1. Die Entscheidung für fixe Wechselkurse und für Autonomie in der Geldpolitik verlangt Beschränkungen des Kapitalverkehrs. Beispiel: China.
2. Die Entscheidung für fixe Wechselkurse (oder eine Einheitswährung) und für freien Kapitalverkehr verlangt, auf eine eigene, nationale Geldpolitik zu verzichten. Beispiel: Länder der Eurozone.
3. Die Entscheidung für geldpolitische Autonomie und für freien Kapitalverkehr verlangt eine Regime floatender Wechselkurse. Beispiel: USA im Verhältnis zur Eurozone.

Die drei Strategien eines Landes wurden pointiert herausgestellt, um zu unterstreichen, dass eben alle drei Wünsche zugleich nicht erfüllbar sind. Selbstverständlich sind Mischungen der Positionen möglich. So hat Singapur zwar nach wie vor einen ganz freien Kapitalverkehr, doch jüngst wurden die Transaktionssteuern für den Kauf von Immobilien deutlich angehoben. Sie wirken wie eine „leichte Verringerung des freien Kapitalverkehrs". Dafür kann Singapur die anderen beiden Wünsche (Anbindung des S$ an einen Währungskorb, Autonomie der Zinsfestsetzung) etwas besser erfüllen. Ein anderes Beispiel ist Dänemark. Das Land ist der Eurozone nicht beigetreten, und hat den eigentlich bestehenden Wunsch nach festen Wechselkursen etwas zurückgedrängt, indem die Krone mit dem Euro durch eine gemanagte Parität verbunden ist. Dafür hat Dänemark etwas an Autonomie bei der Geldpolitik gewonnen.

Die 28 EU-Länder haben freien Kapitalverkehr und die 19 Länder der Eurozone haben durch den Euro fixe Paritäten. Für sie besteht auf Ebene der nationalen Mitgliedstaaten keine autonome Geldpolitik mehr. Denn die Geldpolitik wird für alle Länder der Eurozone von der EZB festgesetzt. Weil sich die EU-Länder in ihren Wirtschaftsstrukturen unterscheiden – was bei Einführung des Euro wohl unterschätzt wurde – gibt es immer einige Mitgliedsländer, für welche die Politik der EZB zu restriktiv ist, und es gibt Länder der Eurozone, für welche die Geldpolitik der EZB zu locker ist. Wechselt immer wieder ab, für welche Länder die Geldpolitik zu eng oder zu weit ist, kann es intertemporär ausgeglichen werden. Doch sollten es auf Dauer immer dieselben Länder sein, denen die gemeinsam definierte Geldpolitik zu restriktiv (oder zu locker) ist, dann staut sich immer mehr ein spannungsgeladener Zustand an.

Lösungsmöglichkeiten

Vier Lösungsmöglichkeiten bestehen, um auseinanderdriftende Entwicklungen zu bewältigen:

- Ein Land, für das die Geldpolitik der EZB auf Dauer entweder zu restriktiv oder zu locker ist, tritt aus der Eurozone aus, oder das Land ersucht die anderen Länder um Entlassung. Das Land könnte auch versuchen, Kapitalverkehrskontrollen so zu etablieren, dass sie nicht zu auffällig den EU-Werten widersprechen, oder es führt verdeckt (weil das nicht erlaubt ist) eine Parallelwährung ein.
- Die EZB richtet ihre Politik „pragmatisch" am Bedarf jener Länder aus, für die ansonsten die Spannungen am größten wären (Orientierung am Mitgliedsland mit maximalen Leiden).
- Offene Transfers zwischen den Ländern (ohne Gegenleistung) führen in der Eurozone eine Transferunion ein.
- Verdeckte Transfers: Transfers widersprechen in den Geberländern oft dem demokratischen Volkswillen und die Bürgerschaft der Nehmerländer möchte sich nicht als abhängig sehen. Verdeckte Transfers könnten so realisiert werden, dass immer mehr (bislang nationale) Aufgaben wie Infrastruktur, Grenzschutz, Schule und Bildung von Brüssel „bezahlt" werden, wobei die EU auch darüber entscheidet, wie viel in welchen Ländern geschieht, während der Schlüssel der Umlage verdeckt bleibt. Zu den verdeckten Transfers ist auch die Übernahme nationaler Risiken zu sehen, mit denen die Mitgliedsländer bislang höchst ungleich belastet sind, so etwa im Bankwesen.

4.5 Hyperglobalisierung

Durch die Arbeiten von De Grauwe wurde bereits deutlich: Langfristig förderliche Ziele (Offenheit der Finanzmärkte, Integration in Weltwirtschaft, stabile Wechselkurse) sind oftmals mit nationalen Gegebenheiten unvereinbar („kein Land in einem Bund kann alle Belastungen tragen") und lässt sich in der politischen Demokratie nicht immer vermitteln („warum müssen wir die Zinspolitik des Auslands übernehmen?").

Dani Rodrik (*1957) thematisiert diesen Gegensatz und gelangt zu seiner Hauptthese: Eine Hyperglobalisierung (sehr weit gehende Globalisierung mit wirtschaftlicher Öffnung, länderübergreifender Liberalisierung und Übernahme der weltweiten Best Practices) widerspricht der politischen Demokratie im Nationalstaat und dem Erhalt nationaler Besonderheiten.

Rodrik nennt diese drei Ziele als wünschenswert:

- *Globalisierung* (um wirtschaftliche Vorteile zu haben),
- *Nationale Selbstbestimmung* (um einem internationalen Anpassungsdruck widerstehen zu können und die „nationalen Besonderheiten" nicht angleichen und reformieren zu müssen),
- *Demokratie* im Innern, Freiheit des Einzelnen, sowie volle Transparenz der Vorgänge.

Ähnlich wie beim Fleming-Mundell-Trilemma können nicht alle drei Ziele erreicht werden, und ein jedes Land muss gewisse Abstriche hinnehmen. Zwei der drei Ziele können ausgewählt und verwirklicht werden, das dritte Ziel wird nicht erreicht (Globalisierungstrilemma). So bleiben drei strategische Positionen:

- Das Land integriert sich in die globale Wirtschaft und behält gewissen autonomen Widerstand gegenüber internationalen Veränderungen (bleibt beim Nationalstaat). Dann muss es aber dafür hier und da auch unpopuläre Maßnahmen gegenüber den Einzelnen ergreifen und durchsetzen – Beispiel: Länder Asiens.
- Das Land integriert sich in globale Wirtschaft und folgt im Innern der politischen Demokratie, muss dann aber schließlich hier und da dem internationalen Druck nachgeben und sich an Forderungen von außen anpassen – Beispiele: Deutschland/Niederlande.
- Das Land wünscht erstens große nationale (autonome) Selbstständigkeit und wehrt sich gegen den Druck zu Konformismus von außen. Zweitens wird uneingeschränkte Demokratie im Innern verlangt. Nach dem Globalisierungstrilemma von Rodrik muss dann auf die Integration in die globale Wirtschaft verzichtet werden – Beispiel: Griechenland.

Wenn sich ein Land auf eines der drei Ziele festlegt, entsteht das Dilemma, welches der anderen beiden Ziele noch verfolgt werden sollten. Hierzu zwei Beispiele:

Einige Länder schätzen und akzeptieren mehr oder minder eine Integration in die globale Wirtschaft. Unter dieser Bedingung haben sie nach dem

Globalisierungstrilemma nur noch diese Wahl: Entweder will die Regierung keinesfalls unpopuläre Maßnahmen ergreifen. Die Demokratie im Land soll voll zugelassen werden. Dann muss das Land allerdings gewisse Anpassungen an die internationale Situation vornehmen. Dadurch verändern sich das Land und seine Einrichtungen. Der „Nationalstaat" wird zu einem „Bundesstaat". Oder die Regierung möchte weiterhin den Nationalstaat mit seinen Besonderheiten behalten, also dem internationalen Druck, das Land anzugleichen, widerstehen. Dann müssen allerdings gewisse Freiheiten im Innern eingeschränkt werden. Kurz: Wer Globalisierung will, muss sich entscheiden: Entweder „Nationalstaat" oder „Demokratie".

Viele Länder möchten indes ihre nationalen Besonderheiten erhalten, also den autonomen Nationalstaat beibehalten. Unter dieser Vorbedingung führt das Trilemma von Rodrik auf dieses Dilemma: Entweder will das Land sich voll in die globale Wirtschaft integrieren. Dann muss die Regierung im Innern gewisse Freiheiten einschränken und gewisse Vorgänge nicht voll transparent für das Volk machen – wie in Ländern Asiens beobachtbar ist. Oder die Regierung möchte die Demokratie und volle Transparenz dem Volk gegenüber erhalten, sowie die Freiheiten im Innern wahren. Dann aber kann sich der Staat nicht voll in die globale Wirtschaft integrieren – so wie teils in südlichen europäischen Ländern beobachtbar ist. Kurz: Wer den Nationalstaat beibehalten will, muss sich entscheiden: entweder volle Teilnahme an der globalen Wirtschaft oder Demokratie.

Wie beim Fleming-Mundell-Trilemma sind die drei noch möglichen strategischen Positionen pointiert herausgearbeitet. Dadurch wird betont, dass die Globalisierung ein teilnehmendes Land dazu zwingt, Abstriche bei anderen Wünschen hinzunehmen. Selbstverständlich sind Zwischenformen möglich, die das Land graduell von einer der drei strategischen Positionen in Richtung einer anderen Position bewegt. Ein Beispiel ist die Schweiz. Das kleine Land muss sich der Weltwirtschaft uneingeschränkt öffnen. Da die Demokratie (durch Direktheit und Transparenz) vorbildlich ist, würde man nach dem Globalisierungstrilemma vermuten, dass nationale, selbstbestimmte Besonderheiten reduziert werden müssen. Um hinsichtlich dieses Ziels nicht alles aufgeben zu müssen, ist es schon vorgekommen, dass Volksabstimmungen nur sehr zögerlich umgesetzt worden sind (was mit einem Abstrich bei dem Wunsch nach voller Demokratie einhergeht).

Konklusion 5

5.1 Gedeckte Zinsparität

Die *Gedeckte Zinsparität* erklärt und beweist das Fleming-Mundell-Trilemma. Vorweg dies zur Praxis: Die Relation zwischen Euro (EUR) und Dollar (USD) wird in den Finanzmedien überall auf der Welt als EURUSD ausgedrückt, also: was kostet oder bringt 1 EUR, ausgedrückt in Dollar? EURUSD heißt „Euro in Dollar". Diese Notierung ist *direkt* für Personen mit dem Dollar als Heimatwährung und *indirekt* für Personen mit dem Euro als Referenzwährung. Heute (2018) gilt: EURUSD = 1,16. Selten verwendet wird die Notierung: USDEUR = 0,86.

Nun hängen makroökonomische Größen zusammen. Die Gedeckte Zinsparität Parität ist ein streng gültiger Zusammenhang zwischen

- den Zinssätzen in zwei Ländern oder Währungsgebieten („home and foreign country") einerseits
- und den Wechselkursen andererseits, und zwar zwischen dem Wechselkurs auf dem Spotmarkt sowie auf dem Terminmarkt.

Auf dem Devisen-Spotmarkt werden die beiden Währungen sofort getauscht (mit Ausführung innerhalb von zwei Tagen, welche die Abwicklung dauert). Auf dem Terminmarkt werden mit Forwards und mit Futures Tauschgeschäfte für Devisen mit heute vereinbarten Konditionen (Terminkurs) vereinbart, die erst in drei oder sechs Monaten oder in einem Jahr ausgeführt werden.

© Springer Fachmedien Wiesbaden GmbH, ein Teil von Springer Nature 2019
K. Spremann, *Internationale Finanzwirtschaft,* essentials,
https://doi.org/10.1007/978-3-658-23820-9_5

Wenn nun jemand 1000 EUR hat und Dollar in einem Jahr benötigt, stehen zwei Wege offen:

- Erster Weg: Die 1000 EUR sofort in Dollar tauschen, und die erhaltenen Dollar mit einem Dollar-Geldmarktpapier verzinslich anlegen.
- Wenn heute EURUSD = S (Spotsatz) und i_{USD} der Zinssatz auf USD ist, dann hat die Person in einem Jahr X = 1000 · S · (1 + i_{USD}) Dollar.
- Zahlenbeispiel für den ersten Weg: S_{EURUSD} = 1,16. Daher bringen 1000 EUR sofort 1160 Dollar. Weiter sei i_{USD} = 3 %, sodass die Person in einem Jahr X = 1194,80 Dollar hat.
- Zweiter Weg: Die 1000 EUR werden zunächst in Euro gehalten und verzinst angelegt (Zinssatz i_{EUR}). Gleichzeitig wird per Terminkontrakt das errechnete Anlageergebnis in Dollar getauscht.
- Der Terminkurs sei F (wie Forward). Gesamtergebnis Y = 1000 · (1 + i_{EUR}) · F Dollar.
- Zahlenbeispiel: i_{EUR} = 1 %. Daher bringen 1000 EUR in einem Jahr 1010 EUR. Weiter sei der Terminkurs F_{EURUSD} = 1,183. Somit hat die Person in einem Jahr Y = 1194,80 Dollar.
- Natürlich muss X = Y gelten, denn andernfalls würde sofort Arbitrage einsetzen. Beide Wege müssen auf ein gleich hohes Ergebnis führen. Das verlangt, dass der Spotkurs und der Terminkurs zusammenhängen. Dabei handelt es sich um eine starke Beziehung, die auch bei Änderungen (etwa der Zinssätze) sich sofort wieder einstellt.
- Die Gleichsetzung X = Y bedeutet (1 + i_{USD}) · F = S · (1 + i_{EUR}).
- Also lautet die Beziehung F = S · (1 + i_{USD})/(1 + i_{EUR}) $\cong$ S · (i_{USD} − i_{EUR}).
- Ergebnis: Der Terminkurs F und der Spotkurs S sind über die Zinsen fest verbunden. Hat die Fremdwährung einen höheren Zins, ist der Terminkurs höher als der Spotkurs (Prämie). Hat die Fremdwährung einen geringeren Zins, dann ist der Terminkurs geringer als der Spotkurs (Diskont).

Durch die gedeckte Zinsparität und durch andere Zusammenhänge (vgl. Abb. 5.1) wird die Wahl und Festsetzung der makroökonomischen „Variablen" durch die Regierungen eingeschränkt: nicht alle vom Staat gewünschten „Steuerungs-möglichkeiten der Wirtschaft" bestehen – ungeachtet davon, ob die demokratische Willensbildung diese Einschränkungen sieht oder nicht.

Neben der Gedeckten Zinsparität bestehen weitere Zusammenhänge (Pari-täten). Wichtig sind die Kaufkraftparität, der Fisher-Effekt und der Internationale Fisher-Effekt.

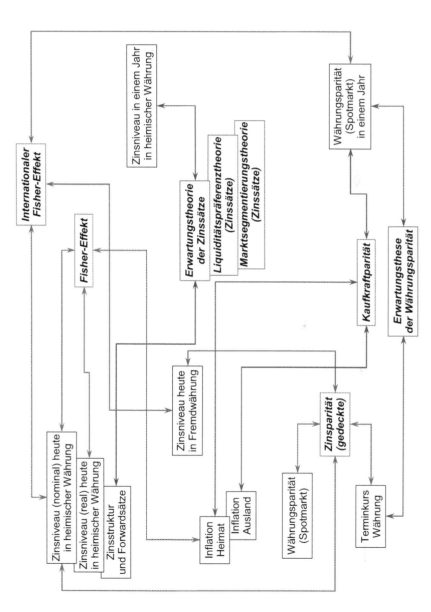

Abb. 5.1 Die wichtigsten Zusammenhänge. (Quelle: eigene Darstellung)

5.2   Kaufkraftparität und Fisher-Effekt

Unter den genannten (und in Abb. 5.1 gezeigten) Zusammenhängen nimmt die Kaufkraftparität – Purchasing Power Parity (PPP) – eine populäre Stellung ein. Die PPP wurde in einer starken (oder absoluten) und in einer schwachen (oder relativen) Form ausgedrückt. In der *starken Form* wird postuliert, dass ein (zwischen den Ländern transportables) Erzeugnis in allen Währungs- und Wirtschaftsgebieten denselben Preis haben sollten, wenn die lokalen Preise zum Vergleich auf eine einheitliche Währung umgerechnet werden. Die Währungsparitäten sollten sich so einstellen, dass die Produkte überall dasselbe kosten (*Gesetz des einen Preises*).

Zum Postulat starker Kaufkraftparität bringen die Medien immer wieder Übersichten. So etwa zeigt der *Economist,* wie viel (in US-Dollar ausgedrückt) der *Big Mac* in den verschiedenen Ländern kostet. In Dollar umgerechnet, kostet der Big Mac in der Schweiz 6,54 US$, in den USA 5,51 US$ und in der Euro-Zone 4,74 US$. Doch vielleicht vergleicht der Big-Mac-Index eher die Einkommen junger Leute als ob eine Währung über- oder unterbewertet ist. Eigentlich ist bekannt, dass sich für Nahrungsmittel die Preise in der Welt doch deutlich unterscheiden. Ähnliches gilt für die Wohnungsmieten und Dienstleistungen. Zumindest für diese Güter gilt die Kaufkraftparität nicht in ihrer starken Form.

▶   Es gibt also teure Länder und solche, in denen vieles billiger ist. Dies als Faktum betrachtet, wurde das Gesetz des einen Preises abgeschwächt. Die *schwache Form* der Kaufkraftparität nimmt als Faktum, dass die Preisniveaus (Gesamtpreise für einen Warenkorb) nicht in allen Ländern gleich sind, und sich auch nicht weiter angleichen. Sie besagt, dass jedoch die weiteren Veränderungen der Währungsparitäten von den Inflationsunterschieden getrieben sind. Diese schwache PPP wird deshalb auch *Inflationstheorie der Wechselkurse* genannt. Sie wurde 1921 von Karl Gustav Cassel (1866–1945) postuliert, der sie mit empirischen Daten unterlegte.

Interessant und einfach zugleich ist die Idee, weshalb das Gesetz des einen Preises überhaupt gelten sollte: Wären die Preise unterschiedlich, würden sofort *Arbitrageure* aktiv, die hier billig kaufen und dort teuer verkaufen. Alsbald käme es zur Angleichung der Preise. Die Idee der Arbitrage ist grundlegend für die moderne Finanzwirtschaft. Diese Überlegung zeigt zugleich: Man darf nicht damit rechnen, dass sich die Preise für (wenig transportable) Dienstleitungen angleichen würden. Von daher könnten Mieten und Löhne (als Determinanten für Dienstleistungen) ohnehin unterschiedlich sein.

Diesen Punkt beleuchten Béla Balassa (1928–1991) und P. Samuelson. Ausgangspunkt ist eine empirische Studie: Über die Länder hinweg gesehen besteht ein starker korrelativer Zusammenhang zwischen dem Preisniveau und dem realen Pro-Kopf-Einkommen. Wer 100 Dollar in die jeweilige nationale Währung tauscht, der kann damit in der Schweiz (BIP pro Kopf = 80.000 USD) weniger Güter und Dienste bezahlen als in Deutschland (BIP pro Kopf = 45.000 USD) und noch weniger als in Polen (BIP pro Kopf = 14.000 USD). Zur Erklärung führen Balassa und Samuelson unterschiedliche Produktivitäten an. Die Arbeitsproduktivität für handelbare Erzeugnisse ist in den ärmeren Ländern geringer (während die Produktivitäten bei einfach zu erbringenden Dienstleistungen überall gleich sind). Der internationale Handel bewirkt eine weltweite Angleichung der Preise für handelbare Erzeugnisse. Deshalb drückt sich die geringere Produktivität (für handelbare Erzeugnisse) in den ärmeren Ländern in einem niedrigeren Lohnniveau aus. Durch das geringere Lohnniveau in Sektoren handelbarer Güter sind dort auch die Löhne bei nicht handelbaren Dienstleistungen gering. Zwar besteht eine Kraft zur Preisangleichung, doch sie trifft nur die handelbaren Erzeugnisse, und sie greift nicht bei den Dienstleistungen. Insgesamt ist das Preisniveau in ärmeren Ländern niedriger *(Balassa-Samuelson-Effekt)*. Daraus folgen wiederum weitere Effekte: Arme Länder haben tendenziell unterbewertete Währungen (Balassa-Effekt), und Länder mit hohem Wachstum und kräftiger Entwicklung haben höhere Inflationsraten als Industrieländer *(Samuelson-Effekt)*.

▶ Als Zwischenfazit ist festzuhalten: Unterschiede in den *Inflationsraten* treiben die weitere Veränderung der *Währungsparitäten* (sowohl nach der starken wie nach der schwachen Kaufkraftparität). Hier schließt sich die Frage an: Auf welche weitere Größen hat die Inflationsrate Einfluss? Eine Antwort gibt der *Fisher-Effekt*, benannt nach Irving Fisher (1867–1947): Änderungen der Inflationsrate sind mit gleich hohen Änderungen des *Nominalzinssatzes* verbunden.

Da der Unterschied zwischen Nominalzins und Inflationsrate den Realzins darstellt, besagt der Fisher-Effekt folglich, dass die Realzinsen (ziemlich) konstant sind. Irving Fisher unterscheidet strikt die monetäre und die realwirtschaftliche Seite der Wirtschaft. Der Realzins ist der Zinssatz, bei dem die volkswirtschaftliche Nachfrage nach Investitionsgütern die Ersparnis ausgleicht. Monetäre Aspekte spielen nicht hinein, und folglich haben auch Veränderungen der Inflationsrate keine Wirkung auf den Realzins. Dieser ist konstant, solange die Verhältnisse hinsichtlich der Nachfrage nach Investitionsgütern und hinsichtlich der volkswirtschaftlichen Ersparnis bestehen bleiben. Somit zeigen sich Veränderungen der Inflationsrate in gleicher Höhe im Nominalzinssatz.

▶   Diese Überlegungen besagen noch nicht, dass der Realzinssatz in allen Ländern derselbe sein müsste. Doch wenn die Kapitalmärkte offen sind, dann verteilen sich sowohl die nationalen Nachfragen nach Investitionsgütern und die nationalen Ersparnisse und es kommt weltweit zu einem einheitlichen Realzins. In diesem Fall kann der Fisher-Effekt auch so formuliert werden: Unterschiede zwischen den nominalen Zinssätzen zweier Länder stimmen mit den Unterschieden in den Inflationsraten überein.

Wenn das der Fall ist, Unterschiede in den Inflationsraten zweier Länder also Unterschiede in den Nominalzinssätzen bestimmen, dann kann dieser Fisher-Effekt mit der PPP kombiniert werden. Dieser zufolge bestimmen Unterschiede in den Inflationsraten zweier Länder die kommenden Veränderungen bei der Währungsparität dieser Länder. In der Kombination korrespondieren Unterschiede in den Nominalzinssätzen die kommenden Veränderungen bei der Währungsparität. Anders ausgedrückt: Ein Anleger kann sein Geld, anstatt es in heimischer Währung anzulegen, in eine Fremdwährung tauschen und in Fremdwährung anlegen. Da sich aber die Währungsparität den Zinsunterschieden entsprechend anpasst, wird damit weder eine höhere noch eine geringere Gesamtrendite erzielt. Diese Erkenntnis wird als *Internationaler Fisher-Effekt* bezeichnet.

▶   Allerdings ist der empirische Befund zum Fisher-Effekt und zum Internationalen Fisher-Effekt gemischt. Ausnahmen bestehen in besonderen Situationen. Zum Beispiel kann der Nominalzins in einem Land besonders hoch sein, dies aber nicht, weil die Inflation dort notorisch hoch wäre, sondern weil die Zentralbank gerade dabei ist, eine möglicherweise aufkommende Inflation zu bekämpfen. Portfolioinvestoren wissen das und gehen mit ihren Mitteln in Länder, die eine starke Politik der Preisstabilität verfolgen.

5.3 Handlungsempfehlungen

Der Welthandel, grenzüberschreitende Dienstleistungen und internationale Kapitalströme verschaffen einem Land zugleich neue Möglichkeiten und setzen gleichzeitig gewisse Vorbedingungen und sie schränken ein. Dieser Sachverhalt entspricht im Grunde dem eines nur im eigenen Land tätigen Unternehmens, das am Binnenhandel teilnehmen kann und damit Chancen erhält, und das gleichzeitig der disziplinären und teilweise rücksichtslosen Kraft des heimischen Marktes ausgesetzt ist, durch die einiges an Wünschenswertem auch verloren geht.

So ist das Gebiet Internationale Finanzenwirtschaft in vielem der ökonomischen Theorie ähnlich, welche die Produktion und Konsum, sowie Investition und Finanzierung in einem Land untersucht. Entsprechend lassen sich einige der Erkenntnisse des Gebiets in Handlungsanweisungen übersetzen, die einem Unternehmer oder einer berufstätigen Person nützlich sein können, die für ein Unternehmen, eine Bank oder eine andere Organisation tätig ist.

Handlungsempfehlungen

Zehn solcher Handlungsempfehlungen sollen für diese Konklusion herausgefiltert werden. Um sie in hinreichender Konkretheit auszudrücken, sind sie für einen Exporteur formuliert:

- Nie ausländische Gesetze übersehen (Merkantilismus)!
- Habe Mut zu hoher Spezialisierung (Marktvorteile)!
- Kostendiziplin nicht vernachlässigen, auch wenn alles gut läuft (Adam Smith)!
- Immer bewusst sein, bei welchen Teilschritten man komparative Vorteile oder eine einzigartige Position hat (David Ricardo)!
- Immer sehen, dass technologische Vorteile schnell verschwinden können!
- Sich fragen, über welchen Gralschatz (Inputs) man verfügen kann (Heckscher und Ohlin)!
- Beachten: Preise für Güter und Faktoren ändern sich im Inland, wenn es Veränderungen im Ausland gibt, auch wenn man diese nicht beobachtet, weil es weit weg geschieht (Samuelson).
- Zu den wenigen Schätzen, die einem bleiben, gehört das Wissen.
- Digitalisierung, so wie früher Lerneffekte und Erfahrung, verhelfen zu enormen Skalenerträgen.
- Wer exportiert, muss die Bescheidenheit besitzen, gewisse globale Konstellationen als Vorgaben zu akzeptieren.

Was Sie aus diesem *essential* mitnehmen können

- Wirtschaftlicher Austausch von Waren, Dienstleistungen und von Kapital bringt allen Seiten *Vorteile* und es gibt mehrere Gründe, aus denen er besser ist als Protektionismus.
- Ein wichtiges Gestaltungsmerkmal internationaler Systeme betrifft den Ausgleich von Risiken und von Volatilität.
- Eine heute ganz wesentliche Ressource für den Export und die Möglichkeit der Wohlfahrtssteigerung eines Landes ist das *Wissen* und der Wissensvorsprung. Die *Digitalisierung* erlaubt Wertschöpfung durch neuartige Plattformen, die ohne die früher wichtigen Gerätschaften und Einrichtungen auskommen und Teilschritte mit hoher Wertschöpfung an sich ziehen können.
- Länder mit einem ausgebauten und liquiden *Kapitalmarkt* haben einen nachhaltigen Vorsprung.
- Zwei Trilemmata (Fleming und Mundell sowie Rodrik) unterstreichen die Einschränkungen, die durch die Teilnahme am Weltmarkt entstehen.

© Springer Fachmedien Wiesbaden GmbH, ein Teil von Springer Nature 2019
K. Spremann, *Internationale Finanzwirtschaft,* essentials,
https://doi.org/10.1007/978-3-658-23820-9

Literatur

Zwei Periodika, die einen starken Focus auf Internationale Finanzwirtschaft setzen: (1) Die *Finanz und Wirtschaft* (FuW), Zürich, mit zwei Ausgaben pro Woche. (2) Der *Economist* bringt einmal pro Woche „World News, Politics, Economics, Business & Finance", und zwar in mehreren Editionen, die an die großen Wirtschaftsräume angepasst sind. Gegenüber FuW und Economist haben viele Wirtschaftsblätter größerer Länder einen Schwerpunkt auf die inländische Wirtschaft gesetzt.

Eichengreen, B. (2008). *Globalizing Capital: A History of the International Monetary System.* Princeton and Oxford: Princeton University Press.

Eun, C. S., & Resnick, B. G. (2015). *International Financial Management*, 7th Edition. New York, NY: McGraw-Hill/Irwin.

Gadatsch, A., Ihne, H., Monhemius, J. & Schreiber, D. (Autoren, Herausgeber) (2018). *Nachhaltiges Wirtschaften im digitalen Zeitalter: Innovation – Steuerung – Compliance.* Wiesbaden: Springer Fachmedien.

Gandolfo, G. (2002): *International Finance and Open-Economy Macroeconomics.* Berlin: Springer.

Gischer, H., Herz, B., Menkhoff, L. (2012): Geld, Kredit und Banken. 3. Aufl. Berlin: Springer.

De Grauwe, P. (2016): Economics of Monetary Union. 11. Aufl., Oxford University Press.

De Grauwe, P., & Kaltwasser, P. R. (2012). *The Exchange Rate in Behavioral Framework.* In J. James, I. Marsh, L. Sarno (Eds.), The Handbook of Exchange Rates. Wiley.

Hall, S. (2017): Global Finance: Places, Spaces and People. London: Sage.

Jarchow, H.-J. & Rühmann, P. (2000): *Monetäre Außenwirtschaft.* 5. Aufl., Vandenhoek & Ruprecht., S. 264–265.

Levi, M. D. (2005): International Finance. 4. Aufl. London: Routledge.

Lorz, O. & Siebert, H. (2014): *Außenwirtschaft.* UTB, Stuttgart.

Madura, J. (2007). *International Financial Management*: Abridged 8th Edition. Mason, OH: Thomson South-Western.

Mundell, R. A. (1961): The Theory of Optimum Currency Areas. *American Economic Review* 51, 657–665.

Rodrik, D. (2007): *One Economics, Many Recipes – Globalization, Institutions, and Economic Growth.* Princeton and Oxford: Princeton Unviersity Press.

O'Rourke, K. H. (2011). *A Tale of Two Trilemmas.* Dublin: Trinity College.

© Springer Fachmedien Wiesbaden GmbH, ein Teil von Springer Nature 2019   51
K. Spremann, *Internationale Finanzwirtschaft,* essentials,
https://doi.org/10.1007/978-3-658-23820-9

Sercu, P. (2009): International Finance: Theory into Practice. Princeton University Press.

Solnik, B. & McLeavey, D. (2013). *Global Investments*, 6. Auflage, Harlow, Essex: Pearson Education Limited.

Spremann, K. & Gantenbein, P. (2017). *Finanzmärkte – Grundlagen, Instrumente, Zusammenhänge*. 4. Auflage, Konstanz und München: UVK Verlagsgesellschaft.

Terra, C. (2015): Principles of International Finance and Open Economy Macroeconomics. London: Elsevier.

Zimmermann, H., Drobetz, W. & Oertmann, P. (2002). *Global Asset Allocation: New Methods and Applications*. Hoboken, New Jersey: John Wiley & Sons.

Printed in the United States
By Bookmasters